Geheime Künste

AROMATHERAPIE

Geheime Künste

AROMATHERAPIE

JENNIE HARDING

EVERGREEN

EVERGREEN is an imprint of TASCHEN GmbH

Copyright © für diese Ausgabe:
2003 TASCHEN GmbH
Hohenzollernring 53, D-50672 Köln
www.taschen.com

Originalausgabe von
THE IVY PRESS LIMITED,
The Old Candlemakers, Lewes, East Sussex BN7 2NZ
Art director *Peter Bridgewater*
Redaktionsleitung *Sophie Collins*
Designer *Kevin Knight, Jane Lanaway*
Redaktion *Rowan Davies*
Bildrecherche *Liz Eddison*
Fotografien *Guy Ryecart*
Bildbeschaffung *Kay MacMullan*
Illustrationen *Sarah Young, Catherine McIntyre, Michael Courtney*
Dreidimensionale Modelle *Mark Jamieson*
Copyright © 2001 The Ivy Press Limited

Gesamtproduktion der deutschen Ausgabe:
akapit Verlagsservice Berlin – Saarbrücken (www.akapit.de)
Übersetzung aus dem Englischen: *Jacqueline Dubois (akapit Verlagsservice)*
Lektorat: *Ina Friedrich (akapit Verlagsservice)*

Printed in China

ISBN 3-8228-2483-6

Die Ratschläge und Empfehlungen in diesem Buch
wurden von Autoren und Verlag nach bestem
Wissen und Gewissen erarbeitet und sorgfältig geprüft.
Dennoch kann eine Garantie oder
Haftung nicht übernommen werden.

INHALT

SCHALE MIT ÖL

GERANIENBLATT

ÜBER DIESES BUCH

Damit dieses Buch eine sinnvolle Einführung darstellt, wurde es wie folgt aufgegliedert: Das Kapitel *„Aromatherapie"* liefert wichtige geschichtliche Informationen, *„Ätherische und Trägeröle"* informiert über die wichtigsten ätherischen Öle sowie über Basisprodukte. Das Kapitel *„Praktische Aromatherapie"* beschreibt Techniken der Selbstmassage und zeigt auf, was Sie von einem Aromatherapeuten erwarten können. Informationen zu bestimmten Leiden finden Sie im zweiten Kapitel. Dort sind die Öle nach den Körpersystemen, die sie beeinflussen, geordnet.

Wichtiger Hinweis

Wenn Sie an Angstzuständen, Depressionen oder anderen emotionalen Problemen leiden, die Sie auf der Arbeit, im sozialen Umfeld und in Beziehungen ernsthaft behindern, sollten Sie unbedingt einen Arzt aufsuchen. Es ist auch wichtig, dass Sie Ihren Arzt über alle Mittel, die Sie nehmen, informieren. Wenn Sie jemals das Gefühl haben, sich selbst oder anderen schaden zu wollen, müssen Sie sich umgehend in medizinische Betreuung begeben.

Aromatherapie kann keinesfalls Medikamente ersetzen, die Sie vom Arzt verordnet bekommen haben.

Hintergrund
Das erste Kapitel beschreibt die Anfänge sowie die modernen Methoden der Aromatherapie.

ATLAS-ZEDER *Cedrus atlantica*

SANDELHOLZ *Santalum album*

Ätherische Öle für die Verdauung

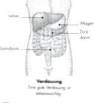

ARMMASSAGE: OBERARM

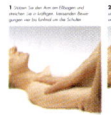
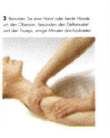

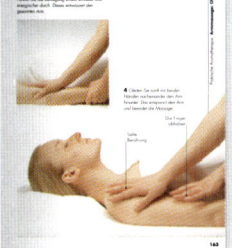

Öle

In diesem Kapitel erhalten Sie Informationen über 30 der wichtigsten ätherischen Öle sowie über acht Trägeröle.

Wichtige Fakten

Im zweiten Kapitel werden auch die Körperfunktionen und die Öle, die sie beeinflussen, analysiert.

Selbsthilfe

Im letzten Kapitel erhalten Sie Hinweise zur Selbstheilung durch Aromatherapie.

Aromatherapie:
Eine Gabe der Natur

Aromatisch
*Schon immer haben die Menschen
Pflanzen wegen ihrer aromatischen
Qualitäten verwendet.*

Bleiben Sie einen Moment lang stehen, wenn Sie an einem Rosenbusch vorbeigehen. Atmen Sie den süßen Duft ein, halten Sie inne und genießen Sie das Gefühl des Wohlbefindens. Sie haben gerade Aromatherapie erlebt. Sie hacken in der Küche Kräuter und der scharfe Geruch kitzelt Sie in der Nase – schon wieder. Denken Sie daran, wie die exotischen Gerüche Ihre Sinne anregen, wenn Sie an einem indischen Restaurant vorbeigehen. Alle diese Düfte werden von

Pflanzen verursacht und sind in deren Wurzeln, Blättern, Früchten, Blüten und im Holz enthalten. Die Menschen wurde seit jeher von ihnen angezogen und haben sie seit Jahrtausenden beim Kochen, in Heilmitteln, Parfüms und Kosmetika verwendet.

Ätherische Öle

Ätherische Öle werden aus Pflanzen extrahiert und in der Aromatherapie eingesetzt. Sie werden meist direkt auf den Körper aufgetragen, um Entspannung und Wohlbefinden zu fördern. Viele der Öle haben eine positive Wirkung auf bestimmte Symptome und können sie lindern. Aromatherapie kann auch zur Bekämpfung von geistigem und emotionalen Stress eingesetzt werden. Sie wirkt durch die Freude an den wundervollen, natürlichen Düften.

Echte Aromatherapie

In den letzten 30 Jahren hat die Verwendung von Pflanzenextrakten zur Entspan-

nung und Förderung der Gesundheit
stark zugenommen. Ätherische Öle sind
heute in vielen Produkten enthalten, von
Zahnpasta bis Duschgel, Gesichtscreme
und Körperlotion. An jeder Straßenecke
gibt es Leute, die Aromatherapiemassage anbieten. Je populärer sie wird,
desto wichtiger ist es jedoch zu verstehen, worum es bei der echten Aromatherapie geht. Was sind ätherische Öle
und wie wirken sie auf uns? Viele Produkte, die heute zu kaufen sind, halten
nicht, was sie versprechen. In diesem
Buch werden Sie durch alle Aspekte der
Aromatherapie geleitet. Sie erhalten
einen Überblick über ätherischen Öle,
sodass Sie diese problemlos bei Ihrer
Familie, Ihren Freunden und bei sich
selbst anwenden und wahre Aromatherapie erleben können.

Wichtige ätherische Öle

Lavendel ist eines der Öle, das bei der
Aromatherapie am häufigsten verwendet wird.

AROMATHERAPIE

In der Aromatherapie werden „Aromen" – ätherische Öle aus Pflanzen – zur Therapie verwendet, die Gesundheit und Wohlbefinden fördern. Eine Massage mit ätherischen Ölen, Bäder, Inhalationen und Düfte aus Verdampfern können einen ausgesprochen positiven Effekt auf die Stimmung haben und Schmerzen lindern. Die Arbeit mit der Aromatherapie verlangt eine sorgfältige Auswahl und Anwendung von ätherischen Ölen in den entsprechenden Trägersubstanzen. Sie müssen diese daher kennen und wissen, wann und wie Sie die Öle auftragen sollten, um die bestmögliche Wirkung zu erzielen. Aromatherapie ist eine wundervolle Kunst, welche die Sinne erfreut. Sie ist ein natürlicher Weg, eine gute Gesundheit und eine positive geistige Einstellung zu fördern und zu erhalten.

Mandeln

Ätherische
Öle

Mischgefäß

Rosenblätter

Thymian

Jasmin

Ursprung

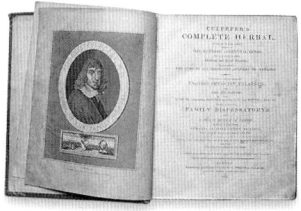

Kräuterbuch
Nicholas Culpeper veröffentlichte 1649 ein Buch, in dem er die Merkmale von Kräutern beschrieb.

Die Aromatherapie hat ihre Wurzeln im Altertum, als aromatische Kräuter und Essenzen als Kosmetika, Heilmittel, Parfüms und Weihrauch verwendet wurden.

Aromatische Geschichte

Im alten Ägypten wurden Kräuter in Fett eingeweicht und in die Sonne gelegt. Die Hitze zog das Aroma heraus, das sich mit dem Öl zur Grundlage von Salben und festen Parfüms verband. Beim Einbalsamieren der Pharaonen wurden aromatische Harze, Gewürze und Hölzer in die Körperhöhle gelegt. Im Grab des Tutenchamun fand man Alabastergefäße mit Salben, die auch nach Jahrtausenden noch analysiert werden konnten. Sie enthielten Weihrauch und Myrrhe, die zusammen mit Zedernholz und anderen Gewürzen bei der Einbalsamierung verwendet wurden. Der altgriechische Arzt Hippokrates (geboren ca. 460 v. Chr.) empfahl, dass duftende Kräuter über seinen Patienten verbrannt werden sollten. Andere Ärzte entwickelten Kräuterheilmittel wie Megaleion, das Myrrhe und Zimt enthielt und sowohl zur Wundheilung als auch als Duftstoff verwendet werden konnte.

Destillation

Dem arabischen Gelehrten Avicenna (980–1037 n. Chr.) wird die Wiederentdeckung der Destillation zugeschrieben. Er verwendete sie bei Rosenblüten, um aromatisches Wasser und ätherische Öle zu erhalten. Artefakte, die man im Irak und in Pakistan fand, scheinen zu beweisen, dass die Destillation bereits vor mehreren tausend Jahren praktiziert

wurde. Auch vom Mittelalter bis ins
17. Jhd. kam sie zur Anwendung. In
dieser Zeit erschienen Kräuterbücher
– kleine Bücher, die den Vorgang der
Extraktion und die Merkmale von
Kräutern beschrieben. Kräuterbehand-
lungen und ätherische Öle waren die
„Medizin der kleinen Leute", wie Nicholas Culpeper 1649 in seinem berühm-
ten Kräuterbuch schrieb. Als später die
Beulenpest Europa heimsuchte, trugen
Ärzte Gesichtsmasken voller Kräuter und
Gewürze. Dieses sollte sie vor einer An-
steckung schützen. Im 18. Jhd. gab es
London Kräuterheilmittel zu kaufen, die
ätherische Öle enthielten. Im 19. Jhd.
wurde das Interesse an synthetischen
Mitteln immer größer. Die ätherischen
Öle gerieten bei uns fast in Vergessen-
heit. Erst im 20. Jhd. flammte das
Interesse an diesen natürlichen Stoffen
erneut auf.

Wichtige ätherische Öle

Der Duft von **Weihrauch** verbindet uns mit der
Geschichte der Aromatherapie.

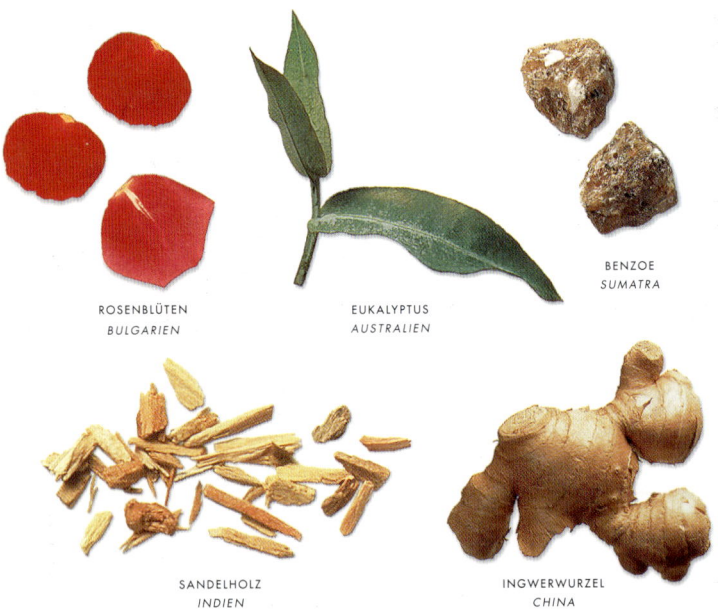

EXTRAKTION

LAVENDEL
FRANKREICH

Ätherische Öle gewinnt man aus den Blättern, Blumen, Zweigen, Früchten und Wurzeln der Pflanzen. Der Anbauer muss sie genau im richtigen Moment ernten, um eine maximale Ausbeute zu erzielen. Es gibt drei Methoden zur Ölgewinnung: Destillation, Pressung oder durch Lösungsmittel, die sie aus dem Pflanzenteil herauslösen.

ROSENBLÜTEN
BULGARIEN

EUKALYPTUS
AUSTRALIEN

BENZOE
SUMATRA

SANDELHOLZ
INDIEN

INGWERWURZEL
CHINA

Orangenbäume
Blüten und Früchte wachsen am Orangenbaum gleichzeitig.

Die Destillation
wird für viele Öle – darunter Rosmarin und Lavendel – verwendet. Durch einen mit Pflanzen gefüllten Stahlbehälter wird Dampf mit hohem Druck gepresst. Der Dampf wird zu Wasser abgekühlt, auf dessen Oberfläche das ätherische Öl schwimmt.

Die Pressung
wird angewendet, um das ätherische Öl aus Zitrusfrüchten zu gewinnen. Dabei wird ausschließlich die Schale der Früchte ausgepresst. Heutzutage werden viele Zitrusöle wie Orange oder Zitrone von der Saftindustrie hergestellt.

Die chemische Extraktion
ist ein umfangreicher chemischer Prozess , der die Öle aus empfindlichen Pflanzen wie Jasmin herauslöst. Die Blütenblätter werden in ein Lösungsmittel eingelegt, das die Aromen aus den Pflanzenfasern als klebrige Masse löst. Diese wird dann weiterverarbeitet, um Fette und Wachse zu entfernen, damit zuletzt nur die reine Flüssigkeit übrigbleibt.

WACHOLDERBEEREN
KROATIEN

ZITRONE
ITALIEN

Moderne Aromatherapie

Der Begriff „Aromatherapie" wurde erstmals von René-Maurice Gattefossé, einem französischen Parfüm-Chemiker benutzt. Er verwendete pures Lavendelöl, um eine Verbrennung an seiner Hand zu heilen. Während des 1. Weltkriegs behandelte er Soldaten im Krankenhaus mit ätherischen Ölen. In den späten 20er und 30er Jahren studierte er den Nutzen der Öle als Heilmittel. Ein weiterer französischer Arzt, Jean Valnet, behandelte im Krieg mit Indochina (1948–1959) Kriegsverletzungen mit Ölen. Durch seine 1964 veröffentliche Schrift „Aromatherapie" wurde er zum Vater der Aromatherapie. Valnets Arbeit wurde von Marguerite Maury aufgegriffen. Sie entwickelte die moderne Aromatherapie. Der Schwerpunkt liegt hierbei auf der individuellen Verschreibung von ätherischen Ölen, die genau zum psychologischen und physiologischen Zustand einer Person passen. Maury schlug auch als Erste vor, die Öle auch für Massagen zu verwenden.

Grundlagenforschung
René-Maurice Gattefossé gilt als Erfinder des Wortes „Aromatherapie"

Robert Tisserand

Das erste englische Buch zu diesem Thema wurde 1975 von Robert Tisserant herausgegeben (*„Das ist Aromatherapie"*). Es enthielt historische Informationen sowie ausführliche Anweisungen zur Anwendung der Öle. Tisserand ist heute ein anerkannter Fachmann. Eines seiner Bücher – *„Das Aromatherapie-Heilbuch"* – ist ein wichtiges Handbuch für alle Therapeuten und Heiler.

Wiederentdeckung

Die Aromatherapie entwickelt sich
ständig weiter. Sie kann in viele
Bereiche des Lebens eingreifen,
z. B. als duftende Massage. Für den
stressgeplagten Menschen von heute
kann sie noch eine viel wichtigere
Rolle spielen. Ätherische Öle werden
immer häufiger in Krankenhäusern,
Altersheimen, Schulen, Flugzeugen
und in Firmen eingesetzt. Das
Verdampfen der Öle bekämpft z. B.
das „Sick-Building Syndrom". Durch
Zentralheizungen und Klimaanlagen
werden vorhandene Keime in modernen Gebäuden immer wieder
neu verbreitet. Ätherische Öle wie
Teebaumöl können die Umgebung
desinfizieren und die Luftqualität
erheblich verbessern. Die Wiederentdeckung der ätherischen Öle ist
eine duftende Revolution!

Wichtige ätherische Öle

Teebaumöl ist ein wertvolles Antiseptikum und
Wundheilmittel.

Weich wie ein Pfirsich

Aus Pfirsichkernen lässt sich ein leichtes Massageöl gewinnen.

ÖLE UND TRÄGER

Ein ätherisches Öl ist eine stark duftende Substanz, die bei warmen Temperaturen schnell verdunstet. Sie ist sehr hoch konzentriert. So werden z. B. zur Produktion von ca. 2 l Öl unglaubliche 760 kg Lavendelpflanzen benötigt. Ein Trägeröl ist ein Pflanzenöl, welches das ätherische Öl so weit verdünnt, dass es gefahrlos zur Massage verwendet werden kann. Eine Mischung von in Pflanzenöl (z. B. Mandel oder Traubenkern) aufgelösten ätherischen Ölen ist sehr sanft zur Haut. Es gibt auch Lotionen und Cremes als Trägersubstanzen. Sie werden in speziellen Bereichen verwendet und sind besonders pflegend für die Haut.

Das richtige Maß

Messlöffel erhalten Sie in der Apotheke.

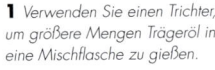

1 *Verwenden Sie einen Trichter, um größere Mengen Trägeröl in eine Mischflasche zu gießen.*

2 *Durch den Spezialverschluss können einzelne Tropfen des reinen ätherischen Öls ganz einfach zugefügt werden.*

Eine Mischung herstellen

Geben Sie 20 ml (vier Teelöffel) Trägeröl in eine saubere, dunkle Glasflasche. Fügen Sie bis zu 10 Tropfen ätherisches Öl bei und schütteln Sie die Mischung gut. Bewahren Sie die Flasche kühl und gut verschlossen auf. Verbrauchen Sie das Öl innerhalb von vier Wochen.

Bei diesem Beispiel erhalten Sie ein 2,5%ige Lösung, die für Massagen und die allgemeine Anwendung am besten geeignet ist. Eine 5%ige Lösung kann zur Schmerzlinderung auf kleine Stellen aufgetragen werden. Für eine 5%ige Lösung mischen Sie 20 Tropfen ätherisches Öl mit 20 ml Trägeröl.

Eine 1%ige Lösung wird bei empfindlicher Haut, zur Anwendung bei kleinen Kindern (3–10 Jahre) oder während der Schwangerschaft empfohlen. Eine 1%ige Lösung stellen Sie her, indem Sie vier Tropfen ätherisches Öl mit 20 ml Trägeröl mischen.

Sicherheit

Durch die Verdünnung mit Trägeröl können ätherische Öle gefahrlos aufgetragen werden.

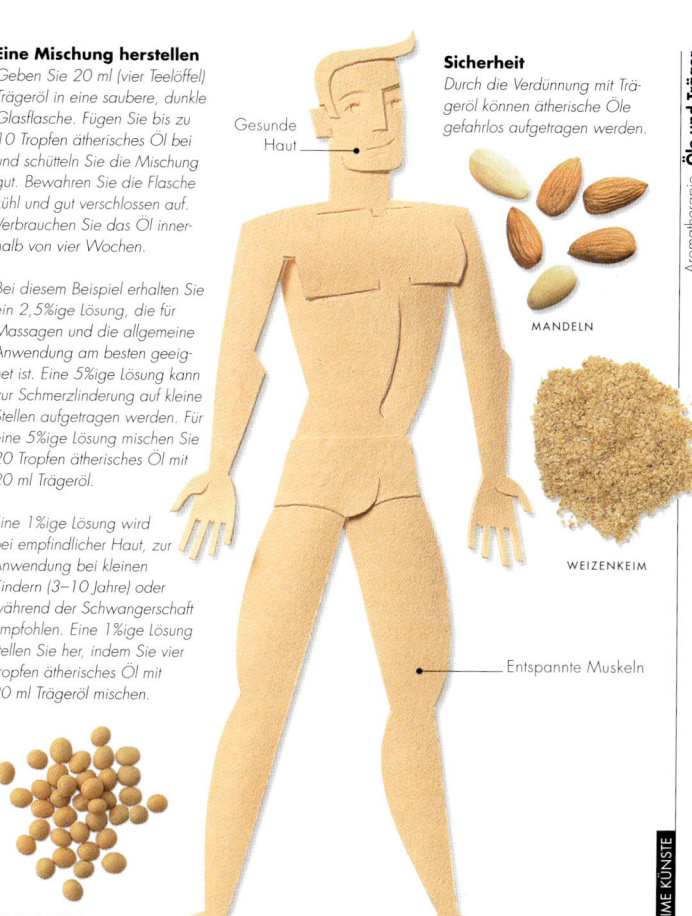

Gesunde Haut

MANDELN

WEIZENKEIM

Entspannte Muskeln

SOJABOHNEN

Verbesserte Hautstruktur

Therapeutische Richtlinien

Seien Sie vorsichtig!
Obwohl ätherische Öle natürliche
Substanzen sind, müssen sie mit
Vorsicht angewendet werden.

Sie sollten einige Grundregeln kennen, um ätherische Öle sicher verwenden zu können. Die Öle, die in diesem Buch vorgestellt werden, wurden ausgewählt, da sie relativ sicher sind. Wenn Sie sich an die Anweisungen halten, ist es unwahrscheinlich, dass Probleme auftreten. Die folgenden Informationen sollten Sie sich jedoch immer vor Augen halten. Wenn Sie sich über die Verwendung eines ätherischen Öls unsicher sind, fragen Sie einen ausgebildeten Therapeuten.

Allgemeine Hinweise

Trinken Sie ein ätherisches Öl unter keinen Umständen. Es kann den Verdauungstrakt irritieren und in größeren Dosierungen schwere Schäden anrichten. Tragen Sie die Öle niemals pur auf die Haut auf. Die Ausnahmen sind Lavendel- und Teebaumöl, die zur ersten Hilfe verwendet werden können. Halten Sie alle ätherischen Öle von Kindern fern. Achten Sie auf das Haltbarkeitsdatum (s. S. 28–29). Wenn Sie Öle über dieses Datum hinaus verwenden, führen diese leicht zu Hautirritationen.

Meiden Sie ätherische Öle in den ersten drei Monaten der Schwangerschaft. Danach können Sie 1%ige Lösungen zur Massage benutzen. Benutzen Sie nur sanfte Öle wie Mandarine, Orange, Palmarosa oder Neroli.

Vermeiden Sie Rosmarin- oder Pfefferminzöl bei hohem Blutdruck.

Die Haut

Wenn Sie sehr empfindliche Haut haben, müssen Sie alle ätherischen Öle erst testen, bevor Sie diese verwenden

(s. S. 22–23). Wenn sich ein Auschlag bildet, waschen Sie die Stelle mit milder Seife und tragen Sie Mandelöl zur Hautberuhigung auf.

Alle Zitrusöle – Bergamotte, Zitrone, Orange und Mandarine – können Lichtreaktionen auf der Haut hervorrufen, die zu einer unregelmäßigen Pigmentierung führen. Wenn Sie eine Mischung verwenden, die Zitrusöl enthält, sollten Sie sich in den nächsten 12 Stunden keiner starken UV-Strahlung (z. B. am Strand oder im Solarium) aussetzen.

Sicherheit bei Kindern

Für Babys oder Kleinkinder bis zu drei Jahren dürfen Sie nur einen Tropfen Rosen-, Lavendel- oder Römisches Kamillenöl in 20 ml Mandelöl verwenden. Bei Kindern bis zu 10 Jahren nehmen Sie 1%ige Lösungen. Kinder über 10 Jahren gelten als Erwachsene.

Wichtige ätherische Öle

Palmarosa ist sehr sanft zur Haut und kann allgemein verwendet werden.

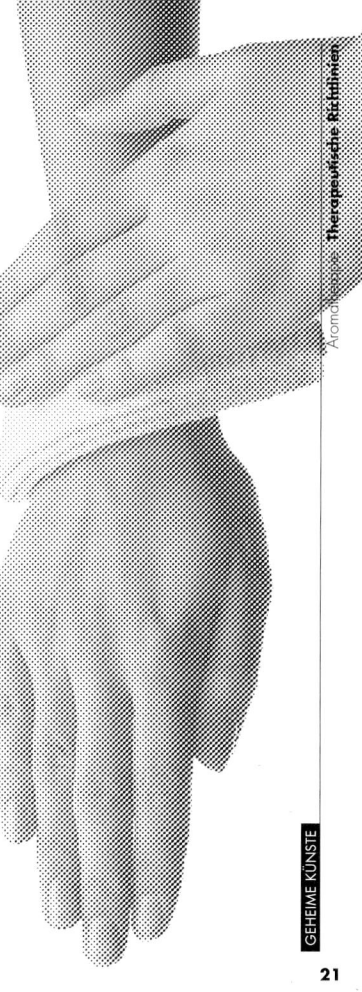

Gegenreaktion
Tragen Sie eine winzige
Menge des Öls unter einem
Pflaster auf die Haut auf.
So testen Sie mögliche
Hautreaktionen.

EIN ÖL TESTEN

Es gibt zwei Methoden, um Ihre Reaktion auf bestimmte
ätherische Öle zu testen. Mit dem ersten Test finden Sie heraus, wie
Öle auf Ihre Stimmung und Ihre Gefühle wirken. Sie könnten sich z. B. er-
frisch und glücklich fühlen. Der zweite Test zeigt an, wie Ihre Haut auf ätherische Öle reagiert. Seien Sie bei diesem Test vorsichtig, wenn Sie wissen, dass
Sie empfindliche Haut haben.

1 Setzen Sie sich in einem
ruhigen Raum gemütlich auf
einen Stuhl. Atmen Sie tief durch
und entspannen Sie sich.

2 Mischen Sie vorsichtig
zwei Tropfen des ausge-
suchten ätherischen Öls
mit 10 ml (zwei Teelöffel)
Traubenkernöl.

3 Tragen Sie eine kleine
Menge auf Ihr Handgelenk auf
und reiben Sie es gut ein.
Warten Sie, bis sich der Duft
auf Ihrer Haut entwickelt.

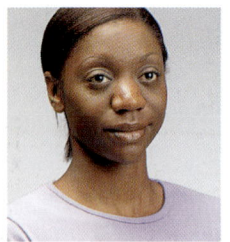

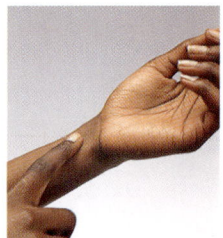

Der Hauttest

*Mischen Sie 10 ml Trauben-
kernöl mit vier Tropfen des
ätherischen Öls Ihrer Wahl.
Tragen Sie eine kleine Menge
auf die Innenseite Ihres Handgelenks oder des Ellbogens auf
und bedecken Sie es mit einem
Pflaster. Entfernen Sie es nach
12 Stunden. Zeigt sich keine
Rötung, vertragen Sie das Öl.*

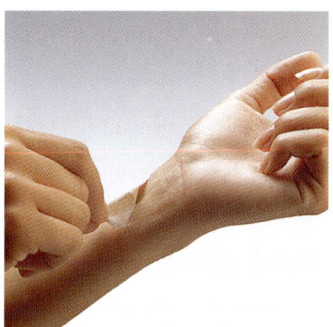

5 *Reiben Sie nach dem
Geruchstest etwas Pfeilwurz-
pulver auf Ihr Handgelenk, um
die Intensität des Duftes
zu mindern.*

4 *Riechen Sie am Handgelenk
und sehen Sie, wie Sie darauf
reagieren. Wie wirkt es sich auf
Ihre Stimmung aus? Spüren Sie
einen körperlichen Effekt?*

Proportionen und Synergie

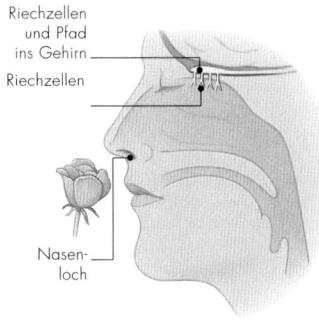

Riechzellen
und Pfad
ins Gehirn

Riechzellen

Nasen-
loch

Schneller Sinn

*Der Geruchssinn reagiert im Gehirn
in weniger als zwei Sekunden.*

Wenn Sie sich mit Aromatherapie befassen, sollten Sie einiges über die einzelnen Öle, z. B. deren Duft, Eigenschaften und Anwendungsgebiete, lernen. Außerdem müssen Sie wissen, wie man verschiedene Öle in einem möglichst ausgewogenen Verhältnis mischt.

Duftnoten

Im 19. Jhd. kam der Franzose Piesse auf die Idee, die verschiedenen Düfte wie Musiknoten anzuordnen. Obwohl diese Philosophie heutzutage kaum noch in Gebrauch ist, haben sich die Begriffe der Kopf-, Mittel- und Basisnote in der Parfümindustrie gehalten. Sie sind auch auf die Aromatherapie anwendbar. Es gibt jedoch kein festgelegtes System, nach dem ätherische Öle in Duftnoten unterteilt werden. Zwar fallen sie meist in eine Hauptkategorie, sie haben aber auch andere, zartere Charakteristika.

Wenn Sie 10 Tropfen verschiedener ätherischer Öle mit 20 ml Trägeröl mischen, wirken die Duftnoten wie folgt: Die Kopfnote (vier bis fünf Tropfen) verdunstet am schnellsten. Sie hat einen frischen, leichten Duft. Meist handelt es sich dabei um Zitrusöle wie Mandarine und Zitrone oder leichte Öle wie Rosmarin. Die Mittelnote (drei bis vier Tropfen) ist das Herz der Mischung. Gute Beispiele dafür sind Geranie, Lavendel und Petitgrain. Die Basisnote (ein bis zwei Tropfen) ist schwer und manchmal moschusartig. Sie verdunstet nur langsam. Dazu gehören Jasmin, Vetiver und Patchuli. Alle Mixturen in diesem Buch folgen diesem Grundschema.

Synergie

Synergie beschreibt das Zusammenwirken von ätherischen Ölen zu therapeutischen Zwecken. Um die beste Wirkung zu erzielen, müssen Sie die Eigenschaften der Öle kennen. Wenn Sie
eine schmerzstillende Mischung herstellen wollen ist es sinnvoll, drei entspre-
chende Öle zu verwenden anstatt nur
einem. Wollen Sie ein Mittel gegen
Schmerzen und Stress, mischen Sie
zwei schmerzstillende Öle mit einem,
das die Stimmung hebt. Eine Mischung
aus zwei Ölen ist meist sehr angenehm.
Drei ätherische Öle ergeben eine aus-
gewogene Duftmischung. Zusammen
wirken sie auf Körper und Geist. Diese
Kombination wird am häufigsten zur
ganzheitlichen Aromatherapie-Massage
verwendet. Sie werden sehen, dass
Mischungen aus zwei oder drei Ölen in
diesem Buch häufig vorkommen.

Wichtige ätherische Öle

Rosenöl ist eines der vielschichtigsten Öle in
der Aromatherapie.

ANWENDUNGSMETHODEN

Es gibt mehrere Methoden, wie Sie Ihrem Körper ätherische Öle zur Steigerung Ihres Wohlbefindens zuführen können. Am häufigsten werden Massagen verabreicht. Umschläge und Bäder können leicht zu Hause angewendet werden und die Inhalation ist eine gutes Mittel gegen Erkältungen.

Mischungen

Geben Sie eine kleine Ölmenge vor der Massage in Ihre Hand.

Massage

Bei der Massage wird die Ölmischung in die Haut eingearbeitet. Es gibt drei Haupttechniken: Die Effleurage beschreibt eine streichende Bewegung, die den Muskel erwärmt. Bei der Petrissage knetet und verschiebt man die Muskeln gegeneinander und beim Tapotement wird Druck in kleinen kreisenden Bewegungen ausgeübt. Weiter Informationen finden Sie im Kapitel *Praktische Aromatherapie.*

1 *Bei der Effleurage (Streichung) hat die ganze Handfläche Kontakt zur Haut. Mit streichenden Bewegungen werden die Muskeln erwärmt und die Ölmischung verteilt.*

2 *Bei der Petrissage (Knetung) werden Haut und Muskeln angehoben und gegeneinander verschoben. Diese Technik lindert Verspannungen.*

3 *Beim Tapotement (Reibung) wird mit kreisenden Bewegungen der Daumen in die Tiefe der Muskeln gearbeitet. Halten Sie den Druck 20 Sekunden lang aufrecht, dann streichen Sie den Muskel aus.*

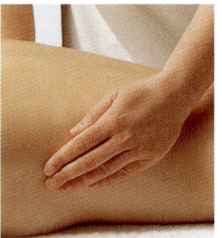
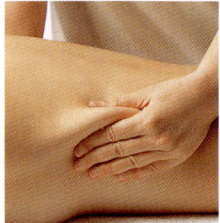
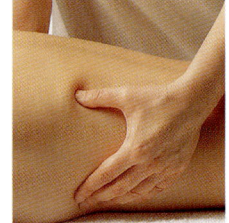

Verwöhnen Sie sich
Die Aromatherapie ist eine gute Möglichkeit zur Entspannung am Abend.

Umschläge

Heiße Umschläge ziehen Giftstoffe aus der Haut (z. B. bei Infektionen), während kalte Umschläge Schmerzen und Entzündungen lindern. Für einen Umschlag füllen Sie eine Schüssel mit heißem oder kaltem Wasser und fügen zwei bis drei Tropfen eines ätherischen Öls bei. Legen Sie ein dünnes Tuch auf die Wasseroberfläche, welches das Öl in sich aufnimmt. Wringen Sie das Tuch aus und legen Sie es 15–20 Minuten lang auf die betroffene Stelle.

Aromatherapie in der Wanne

Füllen Sie die Badewanne mit warmem Wasser. Geben Sie sechs Tropfen Öl hinein und verteilen Sie es im Wasser. Sie können das Öl auch mit 30 ml Vollmilch verdünnen und ins Bad geben. Dies macht das Wasser weich. Baden Sie 20 Minuten lang.

Inhalation
Sie ist hilfreich bei Erkältungssymptomen. Füllen Sie fast kochendes Wasser in eine große Schüssel. Fügen Sie je drei Tropfen Teebaum- und Eukalyptusöl hinzu. Entfernen Sie Brille oder Kontaktlinsen, bedecken Sie den Kopf mit einem Handtuch, halten Sie ihn über die Schüssel und atmen Sie die Dämpfe 15 Minuten ein.

Fußbad
Geben Sie vier bis fünf Tropfen Öl in eine große Schüssel mit warmem Wasser. Baden Sie Ihre Füße 20 Minuten lang.

Soforthilfe
Für eine Inhalation brauchen Sie nur einfache Hilfsmittel.

Keramik- oder Glasschüssel

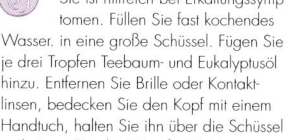

Handtuch

Ätherische Öle kaufen und aufbewahren

B eim Kauf von ätherischen Ölen sollten Sie einige Dinge beachten. Öle kauft man am besten in dunklen Glasflaschen, die sie vor UV-Licht schützen, das den Zersetzungsprozess beschleunigt. Alle Flaschen sollten einen dicht sitzenden Verschluss haben, mit dem man das Öl tropfenweise entnehmen kann. Dies hilft nicht nur beim Mischen, sondern hält auch die Menge möglichst gering, die ein Kind zu sich nehmen kann, wenn es die Flasche versehentlich in die Hände bekommt. Kaufen Sie kein Öl in offenen Flaschen, da aus diesen bei einem Unfall große Mengen Öl fließen.

Auf dem Etikett sollten sowohl der lateinische als auch der deutsche Name zu lesen sein. Es gibt verschiedene Lavendel- und Eukalyptusarten, also stellen Sie sicher, dass Sie das richtige Öl kaufen. Ein guter Händler wird Ihnen alle nötigen Informationen über das Öl, seine Herkunft, seine aktiven Wirkstoffe und seine Frische geben.

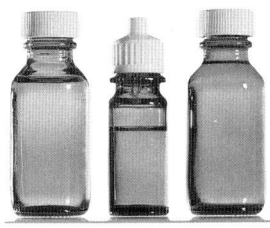

Aufbewahrung
Dunkle Glasflaschen mit Pfropfen sind empfehlenswert, da die Öle lichtempfindlich sind.

Aufbewahrung

Die richtige Aufbewahrung der Öle will ebenfall gut bedacht sein. Ätherische Öle sind zu 100 % natürliche Pflanzenauszüge. Da sie von einem lebenden Organismus stammen, haben sie nur eine begrenzte Haltbarkeit. Im Lauf der Zeit zersetzen sie sich, verlieren ihren Duft und werden dunkel und trübe. Sie müssen bei der Aufbewahrung auf Licht, Temperatur und Luftfeuchtigkeit achten. Die längste Haltbarkeit haben Öle im Kühlschrank. Ist dieses wegen der

Kinder schwierig, suchen Sie sich einen anderen kühlen, dunklen, trockenen Ort. Falls Sie die Öle doch im Kühlschrank aufbewahren, verpacken Sie diese in einen luftdichten Behälter, um sie von den anderen Lebensmitteln, besonders von Milchprodukten, zu trennen. Auf diese Weise haben Zitrusöle eine Haltbarkeit von etwa einem Jahr, während sich alle anderen Öle ca. zwei Jahre lang halten sollten. Ohne Kühlung halbiert sich die Haltbarkeit. Schreiben Sie sich das Datum aus, an dem Sie eine Flasche öffnen. So wissen Sie immer, wie lange Sie diese noch verwenden können.

Grundsätzlich sollten Sie Öle immer so frisch wie möglich verwenden. Nach Ablauf der Haltbarkeit können sie zu Hautirritationen führen.

Wichtige ätherische Öle

Bergamotte hat wie alle Zitrusöle eine relativ kurze Haltbarkeitsdauer (6–12 Monate).

Ringe für Glühbirnen

Die Ringe werden auf eine Glühbirne gesetzt und heizen sich auf. Wenn man 4–6 Tropfen Öl hineingibt, verteilt sich der Duft im Zimmer.

PASSIVE ANWENDUNG

Man kann den Duft von ätherischen Ölen auch auf passive Weise im Raum verteilen, sodass man sich sofort daran erfreuen kann. Die Öle werden dann zwar eingeatmet, kommen aber nicht in direkten Kontakt mit dem Körper. Verdampfer sind besonders im Schlafzimmer sehr nützlich. Geben Sie 4–6 Tropfen Lavendelöl hinein und Sie werden entspannt einschlafen.

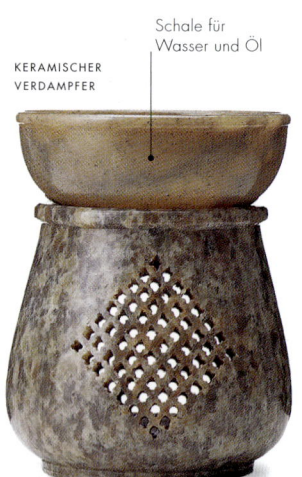

Schale für
Wasser und Öl

KERAMISCHER
VERDAMPFER

Verdampfer

Die keramischen Gefäße werden elektrisch oder durch ein Teelicht aufgeheizt. Geben Sie 4–6 Tropfen eines Öls hinein. Durch das Erhitzen verteilt sich der Duft im Zimmer.

Vertiefung für das
ätherische Öl

Ein/Aus-
Schalter

ELEKTRISCHER
VERDAMPFER

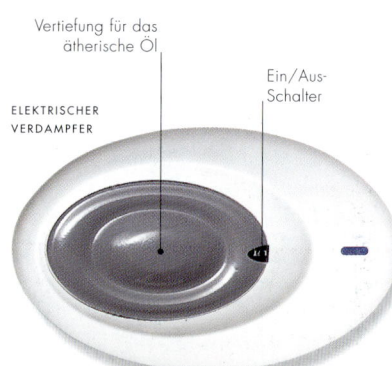

Erfrischend
Das ätherische Öl von
Rosmarin riecht scharf und frisch.

ROSMARIN

Zerstäuber
Durch Zerstäuber wird die Luft
angefeuchtet und erfrischt.
Geben Sie 15 Tropfen von
zwei ätherischen Ölen Ihrer
Wahl in 200 ml Wasser.
Schütteln Sie die Mischung
gut und sprühen Sie sie in
die Luft.

Pumpzerstäuber

Kerzen
Zur Abwechslung können Sie auch
Kerzen kaufen, deren Wachs ätherische Öle enthält. Die Öle verdampfen, während die Kerzen herunter-
brennen. Der Effekt ist jedoch eher
angenehm als therapeutisch wirksam.

Wasser mit
ätherischen
Ölen

FRAGEN UND ANTWORTEN

Als Anfänger haben Sie sicher eine Menge Fragen. Hier finden Sie einige der häufigsten Fragestellungen zu Aromatherapie und ätherischen Ölen. Sollten Sie die gesuchte Antwort nicht finden, ist es immer sinnvoll, einen ausgebildeten Therapeuten zu Rate zu ziehen.

F Sind ätherische Öle gefährlich?

A Nur wenn sie in großen Mengen verschluckt werden. Wir weisen immer wieder ausdrücklich darauf hin, dass die Öle nicht zur innerlichen Anwendung geeignet sind. Verdünnt auf der Haut, im Bad, zur Inhalation oder über Verdampfer verteilt sind sie dagegen ausgesprochen vorteilhaft.

F Kann man zu viel Öl verwenden?

A Eigentlich nicht, es sei denn, Sie verschlucken große Mengen. Wenn Sie ein Bad mit ätherischen Ölen nehmen, sie gelegentlich bei Erkältungen inhalieren oder sich regelmäßig damit massieren lassen, werden Sie merken, wie die Öle Ihr Wohlbefinden steigern.

F Können die Öle bei Babys verwendet werden?

A Ja, aber mit Einschränkungen. Eine wöchentliche Massage mit einem Tropfen Rosen-, Lavendel- oder Römischem Kamillenöl, verdünnt in 20 ml Mandelöl, kann dem Baby viel Freude bereiten.

F Muss ich Wasser in meinen Verdampfer geben?

A Das ist abhängig vom Design des Verdampfers. Einige haben tiefe Mulden, in die man Wasser geben kann. Andere sind sehr flach und man sollte das Öl pur verwenden.

F Wie oft sollte ich Aromatherapie anwenden?

A Es kommt darauf an, warum Sie sich behandeln lassen. Wenn Sie ein eindeutiges körperliches Problem haben, z. B. eine steife Schulter, sollten vier oder fünf

Wochen (mit je einer Sitzung) ausreichen, um eine Verbesserung zu bewirken. Wenn Sie ein chronisches Problem wie Arthritis haben, kann es ein paar Monate dauern. Ihr Therapeut kann Ihnen sagen, wie viele Sitzungen Sie in etwa brauchen werden.

F Gelangen die Öle auch wirklich in den Körper?

A Ja. Bei Massagen und in Bädern gelangen die Öle durch die Haut in den Blutkreislauf. Bei Inhalationen oder Verdampfern erreichen die Duftmoleküle die Lungen.

F Kann ich Öle auch am Arbeitsplatz verwenden, um die Ausbreitung von Keimen zu verhindern?

A Ja. Benutzen Sie einen elektrischen Verdampfer mit je drei Tropfen Zitronen- und Teebaumöl oder geben Sie drei Tropfen Öl auf ein Taschentuch und riechen Sie daran.

F Ich mag kein Lavendel. Was entspannt mich noch?

A Versuchen Sie es mit Rosenholz, Sandelholz oder Ylang Ylang.

F Ist Aromatherapie nur für Frauen geeignet?

A Nein. Ein großer Teil der ätherischen Öle spricht vom Duft her auch Männer an, z. B. Patchuli, Rosmarin und Zypresse.

ÄTHERISCHE
UND TRÄGERÖLE

In diesem Teil werden 30 der wichtigsten ätherischen Öle für den Hausge-
brauch vorgestellt. Jedes Öl hat einen eigenen „Ordner", in dem wichtige
Informationen über Herkunft, Anwendungsgebiete, Sicherheitshinweise sowie
Anregungen für Mischungen stehen. Die Öle sind in Gruppen unterteilt, je
nach Verwendungszweck, wobei die wichtigsten separat genannt werden.
Dies erleichtert die Auswahl, wenn Sie Aromatherapie bei Ihrer Familie, Ihren
Freunden oder bei sich selbst anwenden wollen. ❧ Als nächstes werden
acht verschiedene Trägeröle untersucht. ❧ Entdecken Sie alle Möglichkeiten,
die ätherische Öle Ihnen bieten. Es macht Spaß, sie zu sammeln. Zudem
lernen Sie viele interessante Dinge über ihren Gebrauch. Atmen Sie die
wunderbaren Substanzen ein oder massieren Sie sich damit und erleben Sie
den Zauber der Aromatherapie.

Geranie

Sandelholz

Zitrone

Rosmarin

Nachtkerze

Mandarine

Ätherische Öle für Haut und Haar

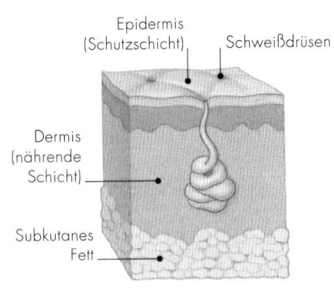

Epidermis
(Schutzschicht)

Schweißdrüsen

Dermis
(nährende
Schicht)

Subkutanes
Fett

Die Haut
*Die Haut besteht aus drei
Schichten.*

Eine gute Möglichkeit zum besseren Verständnis der Öle ist deren Einsatz bei Hautproblemen. Rote Flecken verblassen, Pickel heilen ab, Entzündungen gehen zurück und die Haut reagiert auf die kräftigenden Eigenschaften der ätherischen Öle. Das Ergebnis ist ein viel reinerer, gleichmäßiger Teint und eine samtweiche Haut.

Um zu verstehen, wie die Aromatherapie Ihnen dabei helfen kann, muss man wissen, wie die Haut aufgebaut ist (s. Diagramm).

Hautpflege

Die Öle verjüngen und erneuern die oberste Hautschicht, indem sie alte Zellen entfernen und die Bildung neuer Zellen anregen. Sie verbessern die örtliche Durchblutung, fördern die Ausscheidung von Abfallstoffen, vermindern Entzündungen, heilen Infektionen und minimieren die Narbenbildung.

Trägeröle

Ätherische Öle müssen – je nach Einsatzort – mit der richtigen Trägersubstanz gemischt werden. Das können Pflanzenöle, Lotionen oder Cremes sein. Pflanzenöle sind zur Rundumpflege gut geeignet. Eine Lotion ist ein kühlendes Produkt, dass sich besonders für Rötungen oder Entzündungen empfiehlt. Creme hält die Haut geschmeidig und ist daher ideal bei Hautschäden. Da Öle durch geschädigte Haut leichter aufgenommen werden, sollten Sie sich an die vorgegebenen Mischungen und Methoden halten.

Haarpflege

Ihr Haar lebt nur an den Wurzeln. Es besteht aus dem Protein Keratin und wird durch spezielle Drüsen in der Haut, welche Fett entlang des Haarschafts absondern, geschmeidig gehalten. Bleich- und Färbemittel, aggressive Shampoos und doverse Stylingprodukte trocknen die Kopfhaut aus und entziehen dem Haar seine natürlichen Fette.

Durch Kopfhautmassagen werden den Wurzeln Nährstoffe zugeführt, die das Wachstum von gesundem Haar fördern. Ätherische Öle können das Haar glätten und ihm einen wundervollen Duft verleihen. Auf S. 41 finden Sie spezielle Behandlungen, die Ihr Haar verwöhnen und pflegen.

Wichtige ätherische Öle

Römische Kamille wirkt beruhigend auf die oberste Hautschicht.

WEIHRAUCH **Boswella carterii** Laut der

Bibel war Weihrauch eines der Geschenke der Drei Heiligen
Könige an das Jesuskind. Seit Jahrtausenden wird das Harz in
Kirchen, Tempeln und anderen Andachtsstätten verbrannt. Weihrauch verbreitet eine wundervoll ruhige Atmosphäre. Es bietet sich daher ideal
zur Vorbereitung von Meditation, Ruhezeit oder Yogaübungen an.

Informationen

BOTANISCHER NAME
Boswella carterii

PFLANZENART
Baum mit stacheligen Blättern
und rosafarbenen Blüten. Das
Harz stammt aus der Rinde.

HERKUNFT DES ÖLS
Harz

DUFT
Scharf, frische Kopfnote, wird
wärmer. Später schwerer und
harziger.

GEOGRAFISCHER URSPRUNG
Somalia, Äthiopien

SICHERHEITSHINWEISE
Ungiftig, nicht reizend.

EIGENSCHAFTEN
Belebt, strafft und
beruhigt die Haut,
stimuliert das Im-
munsystem.

ANWENDUNG
Hautpflege: für
trockene und reife
Haut, Akne, Nar-
bengewebe,
Ekzeme.

ANDERE GEBIETE
Asthma, Bronchitis,
Erkältungen

PSYCHOLOGISCH
Bei Anstzuständen und nervöser Anspannung anwenden.
Beruhigt und hebt die Stimmung.

MISCHBAR MIT
Grapefruit, Orange, Zitrone,
Lavendel, Sandelholz,
Patchuli, Rose

Weihrauch
Weihrauch war eines
der Geschenke für das
Christuskind.

RÖMISCHE KAMILLE

Anthemis nobilis Ein sehr sanftes Öl, das als Heilmittel für Kinder hoch eingeschätzt wird. Es eignet sich auch als Zutat bei Hautpflegemitteln. Kamille wird seit über 2000 Jahren in der Kräuterkunde eingesetzt. Als Gartenpflanze hält es andere Pflanzen gesund und frei von Ungeziefer.

Informationen

BOTANISCHER NAME
Anthemis nobilis

PFLANZENART
Kleine, mehrjährige Pflanze mit starkem, apfelartigem Geruch und weißen Blüten.

HERKUNFT DES ÖLS
Blütenspitzen

DUFT
Süß, fruchtig und weich, leicht krautig.

GEOGRAFISCHER URSPRUNG
Europa

SICHERHEITSHINWEISE
Ungiftig, nicht reizend.

EIGENSCHAFTEN
Beruhigend, hemmt Entzündungen, löst Krämpfe.

ANWENDUNG
Hautpflege: Verbrennungen, Schnitte, Allergien, Ekzeme, Entzündungen, Ausschläge.

ANDERE GEBIETE
Muskelschmerzen, entzündete Gelenke, Magenverstimmung.

PSYCHOLOGISCH
Beruhigt die Nerven, wirkt gut gegen Kopfschmerzen, Migräne und Stress.

MISCHBAR MIT
Lavendel, Bergamotte, Neroli, Sandelholz, Pfefferminze, Palmarosa

Sanft
Römische Kamille ist sanft zur Haut.

Kamillenblüten

Die Blätter haben ein apfelartiges Aroma.

Öle für Haut und Haar• 1

Beschwerden und Behandlung

Die Zahl neben dem Öl gibt an, wie viele Tropfen verwendet werden sollen. Nehmen Sie für Kinder zwischen drei und zehn Jahren die Hälfte.

BESCHWERDE	ÖL	ANWENDUNGSMETHODE
Akne: rote Eiterpickel mit gelben Köpfen	4 Teebaum 3 Sandelholz 3 Lavendel	Mit 20 ml (vier Teelöffel) Lotion mischen. Zweimal täglich auftragen.
Allergien: rote, juckende Stellen. In schweren Fällen Arzt aufsuchen.	2 Kamille	Eine kalte Kompresse 20 Minuten lang auf die Stelle legen.
Fußpilz: Pilzinfektion zwischen den Zehen	4 Teebaum 3 Lavendel	Öle in ein warmes Fußbad geben. Die Füße zweimal täglich 20 Minuten darin baden.
Furunkel: infizierte, geschwollene Knoten unter der Haut. In schweren Fällen Arzt aufsuchen.	3 Bergamotte 3 Lavendel	Zweimal täglich eine heiße Kompresse auf die Stelle legen.
Prellungen: Verletzungen unter der Haut, Schmerzen, blaue Flecken	2 Pfefferminze 3 Kamille	Einen eiskalten Umschlag 20 Minuten auf die Stelle legen.
Aufgesprungene Haut, z. B. an den Fersen	4 Weihrauch 6 Lavendel	Öle mit 20 g Creme oder 20 ml Mandelöl mischen. Zweimal täglich auftragen.
Frostbeulen: rot-blaue Schwellungen, z. B. an den Zehen durch schlechte Durchblutung	4 Schwarzer Pfeffer 3 Ingwer	Öle in ein warmes Fußbad geben und Füße 20 Minuten einweichen. Danach die Füße mit dem gleichen Öl (mit 10 ml Mandelöl gemischt) massieren.

Ätherische und Trägeröle **Öle für Haut und Haar 1**

Haarpflege

Eine Aromatherapie-Haarkur kann Haare und
Kopfhaut versorgen.

Mischen Sie 20 ml Mandelöl mit dem entsprechenden ätherischen Öl aus der Liste.
Massieren Sie die Mischung ins trockene
Haar. Wickeln Sie ein Handtuch 20 Minuten
um Ihren Kopf. Dann geben Sie Shampoo
direkt ins Haar und spülen es wie gewohnt.
Führen Sie die Behandlung über einen Monat
einmal wöchentlich durch.

EMPFOHLENE MISCHUNGEN FÜR DIE HAARTYPEN
Die Zahl neben dem Öl gibt an, wie viele
Tropfen verwendet werden sollen.

TROCKEN	3 Rose, 7 Sandelholz
FETTIG:	4 Juniper, 6 Petitgrain
STUMPF:	4 Patchuli, 6 Palmarosa
NORMAL:	4 Weihrauch, 6 Orange
SCHUPPEN:	4 Teebaum, 6 Geranie
HAARAUSFALL:	5 Rosmarin, 5 Ingwer

Wichtige ätherische Öle

Patchuli ist ein Allheilmittel für Haut und
Haare.

41

LAVENDEL

Lavandula angustifolia Lavendel wurde von den Römern bei uns eingeführt und erfreut sich seither großer Beliebtheit. In Südfrankreich, besonders in der Provence, werden große Mengen des Öls produziert. Es wird auch aus Pflanzen, die in nördlicheren Regionen gedeihen, destilliert. Lavendelwasser ist ein Nebenprodukt, das als Gesichtswasser bei trockener oder Mischhaut verwendet werden kann.

Duftend
Lavendelsäckchen parfümieren die Wäsche.

Informationen

BOTANISCHER NAME
Lavandula angustifolia

PFLANZENART
Immergrüner, ca. 1 m hoher Busch mit hellgrünen, schmalen Blättern und violetten Blüten.

HERKUNFT DES ÖLS
Blütenspitzen

DUFT
Fruchtig-frische Kopfnote, blumig-holziger Unterton.

GEOGRAFISCHER URSPRUNG
Frankreich

SICHERHEITSHINWEISE
Ungiftig, nicht reizend.

EIGENSCHAFTEN
Schmerzstillend, antiseptisch, verjüngt die Haut, löst Krämpfe, beruhigt die Nerven.

ANWENDUNG
Hautpflege: pur auf Schnitten, Verbrennungen und zur ersten Hilfe. Festigt und beruhigt die Haut, heilt Pickel und Flecken.

ANDERE GEBIETE
Muskelschmerzen, Magenverstimmung, Bauchschmerzen, Kopfschmerzen, Migräne, Husten.

PSYCHOLOGISCH
Eines der beruhigendsten Öle, wirkt hervorragend bei Schlaflosigkeit und Angstzuständen.

MISCHBAR MIT
Neroli, Sandelholz, Zitrone, Pfefferminze.

PATCHULI

Pogostemon cablin Im 19. Jhd. war es in England Mode, mit Patchuli parfümierte Schals aus Indien zu tragen. Das Öl galt als Insektenschutzmittel. Sein Duft ist sehr exotisch und es ist in vielen Parfüms enthalten. Es spricht sowohl Männer als auch Frauen an und gilt als Aphrodisiakum. Die getrockneten, pulverisierten Blätter geben Weihrauch eine tiefe, erdige Note.

Informationen

BOTANISCHER NAME
Pogostemon cablin

PFLANZENART
Ganzjähriges buschartiges, 1 m hohes Kraut mit großen, samtigen Blättern, die stark nach dem Öl riechen.

HERKUNFT DES ÖLS
Blätter

DUFT
Schwer, erdig, warm und süß.

GEOGRAFISCHER URSPRUNG
Indien, Indonesien

SICHERHEITSHINWEISE
Ungiftig, nicht reizend.

EIGENSCHAFTEN
Entzündungshemmend, verjüngt die Haut, Verdauungstonikum, Beruhigungsmittel.

ANWENDUNG
Hautpflege: Akne, Ekzeme, aufgesprungene oder reife Haut, Haarwasser.

ANDERE GEBIETE
Magenverstimmungen, Bauchschmerzen.

PSYCHOLOGISCH
Beruhigend, hilft bei nervösen Erschöpfungszuständen, gilt als Aphrodisiakum.

MISCHBAR MIT
Sandelholz, Weihrauch, Zitrone, Orange, Lavendel.

Blätter
Patchiblätter sind samtig und duften stark.

Weihrauch
In Indien ist Patchuli die Grundlage für Räucherwerk.

Öle für Haut und Haar • 2

Beschwerden und Behandlung

Die Zahl neben dem Öl gibt an, wie viele Tropfen verwendet werden sollen. Nehmen Sie für Kinder zwischen drei und zehn Jahren die Hälfte.

BESCHWERDE	ÖL	ANWENDUNGSMETHODE
Herpesbläschen, Blasen und Schorf	2 Teebaum	Wattestäbchen in Öl tauchen und zweimal täglich pur auftragen.
Schnitte und Prellungen	5 Lavendel 5 Teebaum	Öle mit 20 ml Lotion (vier Teelöffel) mischen, zweimal täglich auftragen und abdecken.
Ekzeme/Dermatitis: rissige Haut in Falten, z. B. zwischen den Fingern	2 Rose 8 Kamille	Mit 20 ml Lotion mischen, zweimal täglich auftragen.
Schuppenflechte: empfindliche Haut mit weißen Schuppen, die sich ablösen, dünne Epidermis	3 Neroli 7 Weihrauch	Mit 20 g Creme mischen, zweimal täglich auf die betroffenen Stellen auftragen.
Sonnenbrand	4 Kamille 6 Lavendel	Öl mit 20 ml Lotion mischen und nach Bedarf auftragen.
Ausschläge: Nesselsucht, Hitzepickel. Geht es nicht weg, einen Arzt aufsuchen.	2 Palmarosa 3 Kamille	Eine kalten Kompresse 20 Minuten auf die betroffene Stelle legen.
Unreine/fahle Haut aufgrund schlechter Ernährung oder trockener Heizungsluft	4 Weihrauch 6 Zitrone	Öle mit 20 ml Jojobaöl mischen. Täglich einen halben Teelöffel in die betroffene Stelle einmassieren.

Insektenschutzmittel und Behandlung von Stichen

Es gibt einige sehr nützliche Öle, die Sie kennen sollten, wenn Sie in Urlaub fahren oder in einem heißen Klima leben. Aromatherapie-Mischungen können sehr effektiv Mücken bekämpfen.

Mischen Sie entweder vier Tropfen Patchuli- und sechs Tropfen Lavendelöl oder drei Tropfen Zitronengras- und sieben Tropfen Atlas-Zedernöl mit 20 ml Mandelöl. Tragen Sie dieses abends auf die gereinigte Haut auf. Nachts hält ein Verdampfer mit drei Tropfen Zitronengras- und drei Tropfen Lavendelöl die Mücken fern.

Wenn Sie gestochen wurden, geben Sie sofort zwei Tropfen reines Teebaumöl auf den Stich. Teebaumöl wirkt gegen das Insektengift und bekämpft Infektionen. Sie sollten es dreimal täglich auftragen.

Wichtige ätherische Öle

Zitronengrasöl ist ein zitronig riechendes Öl und ein gutes Insektenschutzmittel.

ORANGE

Citrus sinensis Der lateinische Name bedeutet „chinesische Orange", da der Baum ursprünglich in China beheimatet war. Die Schale wird für die Ölgewinnung zerquetscht. Das Öl ist durch seinen süßen, angenehmen Duft in der Parfüm-, Kosmetik- und Lebensmittelindustrie sehr beliebt. Das sanfte Öl ist auch gut zur Stärkung des Verdauungstraktes geeignet, besonders bei Kindern.

Informationen

BOTANISCHER NAME
Citrus sinensis

PFLANZENART
Kleiner, immergrüner Baum, der essbare Orangen trägt.

HERKUNFT DES ÖLS
Fruchtschale

DUFT
Süß, frisch, fruchtig.

GEOGRAFISCHER URSPRUNG
Europa, Brasilien

SICHERHEITSHINWEISE
Ungiftig, nicht reizend, keine Gefahr einer Lichtreaktion.

EIGENSCHAFTEN
Antiseptisch, stärkt Haut und Verdauung, beruhigend.

ANWENDUNG
Hautpflege: für fettige und Mischhaut, bei fahlem Teint, Jugendakne.

ANDERE GEBIETE
Magenverstimmung, Verstopfung, träge Verdauung.

PSYCHOLOGISCH
Ein süßes, sanftes, antidepressives Öl, lindert Stress.

MISCHBAR MIT
Petitgrain, Neroli, Lavendel, Geranie, Pfeffermize, Ingwer.

Verdauung
Orange ist bei Kindern besonders beliebt. Das Öl hilft bei der Verdauung.

NEROLI

Citrus aurantium var. amara Neroli (Orangenblüte) ist ein wunderbar blumiges Öl. Auf Grund der großen Menge an Blüten, die benötigt wird, um eine kleine Menge Öl zu produzieren, kann es sehr teuer sein. Orangenblüten wurden früher in Brautsträußen verwendet. Es hieß, dass der sanfte Duft die Nerven der Braut beruhige.

Informationen

BOTANISCHER NAME
Citrus aurantium var. amara

PFLANZENART
Immergrüner, bis zu 10 m hoher Baum mit glänzenden dunkelgrünen Blättern und duftenden weißen Blüten.

HERKUNFT DES ÖLS
Blüten

DUFT
Frische, zitronige Kopfnote, mit warmen, blumigen Untertönen.

GEOGRAFISCHER URSPRUNG
Italien, Spanien, Marokko

SICHERHEITSHINWEISE
Ungiftig, nicht reizend.

EIGENSCHAFTEN
Verjüngt die Haut, lässt Narben abheilen, löst Krämpfe, Antidepressivum.

ANWENDUNG
Hautpflege: für trockene, reife, empfindliche Haut, Narben.

ANDERE GEBIETE
Magenkrämpfe, Magenverstimmung, Reizdarm.

PSYCHOLOGISCH
Hervorragendes Antistressmittel, wirkt gut gegen Panik und Schock.

MISCHBAR MIT
Weihrauch, Rose, Lavendel, Zitrone, Patchuli, Sandelholz.

Beruhigend
Neroli wurde früher zur Beruhigung der Nerven in Brautsträußen verwendet.

Orangenblätter
Petitgrain ist ein ätherisches Öl aus den Blättern des Bitterorangen-Baums.

Ätherische Öle für Muskeln und Kreislauf

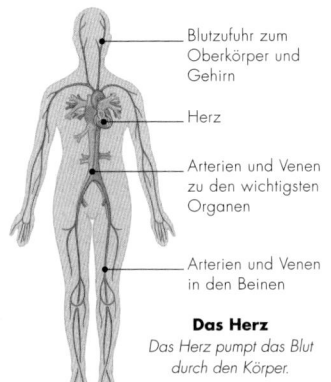

Blutzufuhr zum
Oberkörper und
Gehirn

Herz

Arterien und Venen
zu den wichtigsten
Organen

Arterien und Venen
in den Beinen

Das Herz
*Das Herz pumpt das Blut
durch den Körper.*

Ätherische Öle können auch bei Beschwerden des Kreislaufs und des muskuloskeletalen Systems helfen. Am besten wirken eine Massage oder ein Bad, da das Öl dabei durch die Haut in den Körper gelangt.

Wärmende Öle

Viele Öle wirken wärmend, lösen Verspannungen und verbessern den Kreislauf. Auf der Haut macht sich dies durch eine leichte Rötung und ein kribbelndes Gefühl bemerkbar. Kalte Hände und Füße sind Zeichen einer schlechten Durchblutung. Massagen mit Ölmischungen, die Rosmarin oder Ingwer enthalten, können Abhilfe schaffen. Außerdem fördern sie die Ausscheidung von Giftstoffen in den betroffenen Bereichen.

Öle gegen Entzündungen

Einige ätherische Öle haben eine entzündungshemmende Wirkung. Sie lindern Schmerzen, wirken abschwellend und können bei verletzten Muskeln hilfreich sein.

Hoher Blutdruck

Eine sanfte Massage mit entspannenden Ölen hat eine positive Wirkung auf Personen mit hohem Blutdruck oder erhöhtem Puls, z. B. aufgrund von Stress, Druck oder Angstzuständen. Verwenden Sie nur entspannende Öle in geringer Konzentration. Vermeiden Sie anregende Öle oder intensive Massagen.

Zellulitis

Zellulitis – Orangenhaut – ist eine Ansammlung
von Wasser und Abfallstoffen in den Fett-
zellen. Dadurch bilden sich harte Klümpchen
unter der Haut, die ihr das orangenschalen-
artige Aussehen geben. Am besten wird sie
durch einen erfahrenen Therapeuten behandelt
der weiß, wie man eine entgiftende Tiefenmassage verabreicht. Es gibt keine schnelle
Heilung und neben der Aromatherapie
Behandlung müssen Sie sich auch einer
Körperentgiftung unterziehen. Diese beinhaltet
Vollwerternährung, Verzicht auf Koffein und
Zigaretten sowie tägliche Selbstmassagen mit
entgiftenden Ölen. Die Behandlung dauert
mindestens zwei Monate und erfordert viel
Disziplin.

Für gute eine Antizellulits-Mischung mischen Sie
drei Tropfen Wacholder-, vier Tropfen Zitronen-
und drei Tropfen Fenchelöl mit 20 ml Mandelöl.
Massieren Sie diese Mischung zweimal täglich
sorgfältig in die betroffenen Stellen ein.

Wichtige ätherische Öle

Rosmarin ist ein sehr wärmendes Öl, das
anregend auf schmerzende Muskeln wirkt.

ZYPRESSE

Cupressus sempervirens Der stärkende Duft der Zypresse wird in Asien schon seit langem im Räucherwerk für Tempel verwendet. Im alten Griechenland galten die Zypressen als Tore zur Unterwelt. Nicholas Culpeper, einer der Väter der westlichen Kräuterheilkunde, verwendete Zypressenöl, um überschüssige Flüssigkeit aus dem Körper zu leiten. Der scharfe, frische Duft ist heute in vielen Parfüms enthalten.

Parfüm
Zypresse wird in Damen- und Herrendüften verwendet.

Informationen

BOTANISCHER NAME
Cupressus sempervirens

PFLANZENART
Immergrüner Baum mit kleinen bräunlichen Zapfen.

HERKUNFT DES ÖLS
Nadeln und Zweige

DUFT
Stark, scharf und frisch, leicht rauchig mit einem süßen Unterton.

GEOGRAFISCHER URSPRUNG
Frankreich, Italien, Spanien

SICHERHEITSHINWEISE
Ungiftig, nicht reizend.

EIGENSCHAFTEN
Regt die örtliche Durchblutung an, wirkt entgiftend, antiseptisch und löst Krämpfe.

ANWENDUNG
Muskeln und Kreislauf: Schmerzen, Krämpfe, schlechte Durchblutung, Wassereinlagerungen.

ANDERE GEBIETE
Krampfartiger Husten, Bronchitis, fettige Haut, infizierte Schnittwunden.

PSYCHOLOGISCH
Beruhigt die Atmung und lindert Angstzustände.

MISCHBAR MIT
Atlas-Zeder, Zitrone, Rosmarin, Zitronengras, Wacholder.

ROSMARIN

Rosmarinus officinalis Dieses ist Shakespeares „Kraut der Erinnerung", wie es von Ophelia in Hamlet erwähnt wird. Der heitere, starke Duft ist sehr anregend für den Geist. Im alten Griechenland wurde es als Räucherwerk verbrannt. Als moderne Version davon legt man einige Zweige auf die Grillkohle, um dem Fleisch ein besonderes Aroma zu geben. Einige Tropfen auf einem Tuch im Auto verbessern die Konzentration.

Informationen

BOTANISCHER NAME
Rosmarinus officinalis

PFLANZENART
Immergrüner Busch mit grau-grünen stacheligen Blättern und blauen Blüten.

HERKUNFT DES ÖLS
Blätter und Zweige

DUFT
Frisch, eukalyptusartig mit warmen, holzigen Untertönen.

GEOGRAFISCHER URSPRUNG
Frankreich, Spanien, Tunesien

SICHERHEITSHINWEISE
Im Allgemeinen ungiftig und nicht reizend, für Epileptiker nicht geeignet.

EIGENSCHAFTEN
Krampflösend, schmerzstillend, regt die örtliche Durchblutung an, antiseptisch.

ANWENDUNG
Muskeln und Kreislauf: Schmerzen, Rücken-schmerzen, schlechte Durchblutung, Wasser-einlagerungen, Rheuma.

ANDERE GEBIETE
Haarwasser (fördert den Haarwuchs), Husten, Erkältungen, Lethargie.

PSYCHOLOGISCH
Ein belebender Duft, der die Konzentration verbessert.

MISCHBAR MIT
Zitronengras, Vetiver, Ingwer, Schwarzer Pfeffer, Lavendel.

Öle für Muskeln und Kreislauf • 1

Beschwerden und Behandlung

Die Zahl neben dem Öl gibt an, wie viele Tropfen verwendet werden sollen. Nehmen Sie für Kinder zwischen drei und zehn Jahren die Hälfte.

BESCHWERDE	ÖL	ANWENDUNGSMETHODE
Muskelschmerzen, z. B. nach Sport oder Gartenarbeit	3 Ingwer 4 Lavendel	In einem heißen Bad lindert das Öl Schmerzen und fördert den Schlaf.
Steife Muskeln	3 Vetiver 3 Lavendel 4 Ingwer	Öle mit 20 ml Mandelöl mischen. Zweimal täglich einen halben Teelöffeln auf die betroffene Stelle auftragen.
Krämpfe: durch Überbeanspruchung der Muskeln	4 Lavendel	Zweimal täglich eiskalte Kompresse auflegen, bis der Schmerz nachlässt.
Rückenschmerzen: Schmerzen, Steifheit, schlechte Durchblutung	4 Rosmarin 4 Ingwer 2 Vetiver	Öle mit 20 ml Mandelöl mischen und zweimal täglich einmassieren, um Steifheit zu lindern
Schwache Muskelspannung, z. B. nach einem Bruch und der Gipsentfernung	4 Rosmarin 4 Ingwer 2 Lavendel	Mit 20 ml Mandelöl mischen und zweimal täglich einen Teelöffel in die betroffene Stelle einmassieren. Dieses fördert die Durchblutung und regt den Muskelaufbau an.
Verstauchung: gerissene oder überdehnte Sehne, z. B. im Knöchel	2 Pfefferminze 2 Lavendel	Zweimal täglich eine eiskalte Kompresse auf die Stelle legen, dabei das betroffene Bein hoch lagern, bis die Schwellung zurückgeht.

Arthritis

Es gibt verschiedene Formen der Arthritis, die jeweils einer speziellen Behandlung bedürfen. Wenn Sie sich nicht sicher sind, ziehen Sie einen Arzt zu Rate.

Arthritis wird durch die natürliche Abnutzung der Gelenke verursacht und kommt bei älteren Menschen häufig vor. Anzeichen sind Steifheit in den Gelenken, Schmerzen und schlechte Durchblutung. Zur Behandlung benötigen Sie eine wärmende Ölmischung. Verwenden Sie je vier Tropfen Schwarzen Pfeffer- und Lavendel- und zwei Tropfen Vetiveröl in 20 ml Mandelöl. Massieren Sie zweimal täglich einen halben Teelöffel der Mischung in die betroffene Stelle ein.

Bei rheumatischer Arthritis sind die Gelenke rot und geschwollen. Es können ein Gefühl der allgemeinen Schwäche sowie unspezifische Schmerzen auftreten. Zur Linderung wird eine entzündungshemmende Mischung empfohlen, die sehr vorsichtig aufgetragen werden sollte. Verwenden Sie je fünf Tropfen Römisches Kamillen- und Lavendelöl in 20 ml Lotion.

Wichtige ätherische Öle

Ingwer hat einen wärmenden Effekt auf steife Gelenke.

ZITRONENGRAS

Cymbopogon citratus Zitronengras ist ein stark duftendes Gras aus Indien. In der traditionellen indischen Medizin wurde es zur Behandlung von Fieber und Infektionen eingesetzt. Das Öl ist ein sehr wirksames Insektenschutzmittel. Geben Sie zwei Tropfen Zitronengrasöl in einen Verdampfer, um Mücken abzuhalten. Es wird auch als natürlicher Aromastoff in alkoholfreien Getränken sowie als Gewürz verwendet.

Informationen

BOTANISCHER NAME
Cymbopogon citratus

PFLANZENART
Aromatisches tropisches Gras.

HERKUNFT DES ÖLS
Frisch gehacktes Gras.

DUFT
Stark, zitronig, würzig mit schwerem, leicht erdigen Unterton.

GEOGRAFISCHER URSPRUNG
Indien

SICHERHEITSHINWEISE
Für Kinder oder empfindliche Haut nicht geeignet.

EIGENSCHAFTEN
Schmerzlindernd, regt die örtliche Durchblutung an, stärkt die Verdauung.

ANWENDUNG
Muskeln und Kreislauf: Schmerzen, Krämpfe, Zerrungen, schwache Durchblutung und Muskelspannung.

ANDERE GEBIETE
Magenverstimmung, träge Verdauung.

PSYCHOLOGISCH
Stimmungshebend, hilfreich als Antidepressivum.

MISCHBAR MIT
Weihrauch, Rosmarin, Ingwer, Vetiver, Sandelholz, Pfefferminze.

Indien
Aus Indien kommen starke, exotische Düfte.

WACHOLDER
Juniperus communis In der Schweiz gibt es noch eine Marmelade aus Wacholderbeeren, die gegen Brustinfektionen und Erkältungen helfen soll. Das Wacholderöl wirkt stark harntreibend. Die Beeren reifen zwei Jahre, bevor das Öl destilliert werden kann. Das Öl aus den Beeren ist hochwertiger als das Öl aus Zweigen und Holz.

INFORMATIONEN

BOTANISCHER NAME
Juniperus communis

PFLANZENART
Immergrüner Busch, der bis zu 6 m hoch werden kann.

HERKUNFT DES ÖLS
Reife, schwarze Beeren.

DUFT
Stark, frisch und harzig mit holzigen Untertönen.

GEOGRAFISCHER URSPRUNG
Mitteleuropa

SICHERHEITSHINWEISE
Allgemein ungiftig, während der Schwangerschaft nicht empfohlen.

EIGENSCHAFTEN
Löst Krämpfe, regt die örtliche Durchblutung an, entgiftend, harntreibend, antiseptisch.

ANWENDUNG
Muskeln und Kreislauf: Schmerzen, Krämpfe, Zellulitis, Wassereinlagerungen, Gicht.

ANDERE GEBIETE
Gewichtsverlust, Erkältung, Grippe, fettige Haut, Lethargie.

PSYCHOLOGISCH
Anregender Duft, gut bei geistiger Erschöpfung und Angst.

MISCHBAR MIT
Zitrone, Fenchel, Eukalyptus, Rosmarin, Zypresse.

Reinigung
Im alten Ägypten wurden mit Wacholder Krankheiten bekämpft.

55

Öle für Muskeln und Kreislauf • 2

Beschwerden und Behandlung

Die Zahl neben dem Öl gibt an, wie viele Tropfen verwendet werden sollen. Nehmen Sie für Kinder zwischen drei und zehn Jahren die Hälfte.

BESCHWERDE	ÖL	ANWENDUNGSMETHODE
Schlechte Durchblutung: kalte Gliedmaßen	3 Ingwer 3 Schwarzer Pfeffer	Öle in ein warmes Bad geben. Vorher die Haut abbürsten, um den Kreislauf anzuregen.
Niedriger Blutdruck: Lethargie, Schwäche, kühle Glied-maßen, Schwindel beim Aufstehen. Bei anhaltenden Symptomen Arzt aufsuchen.	3 Vetiver 2 Zitronengras 5 Rosmarin	Öle mit 20 ml Traubenkernöl mischen. Einmal wöchentlich den ganzen Körper massieren, um Kreislauf und Körperspannung anzuregen.
Ödeme: Wassereinlagerun-gen. Bei anhaltenden Symptomen Arzt aufsuchen.	3 Wacholder 4 Zitrone 3 Fenchel	Diese entwässernden Öle mit 20 ml Mandelöl mischen. In die betroffe-nen Stellen massieren und zwar aufwärts Richtung Herz.
Lymphstau: Ansammlung von Giftstoffen, niedriges Energie-niveau	4 Fechel 2 Wacholder 4 Zypresse	Öle mit 20 ml Traubenkernöl mischen. Zweimal wöchentlich einen Teelöffel in Waden und Füße einmassieren. Auf gesunde Ernährung und Bewegung an der frischen Luft achten.
Gicht: Ansammlung von Harnsäure in den Geweben, die kristalline Ablagerungen um die Gelenke bildet	4 Wacholder 6 Römische Kamille	Öle mit 20 ml Lotion mischen. Sehr vorsichtig auf die betroffenen Stellen auftragen. Intensive Massage vermeiden.

Herzrhythmusstörungen, hoher Blutdruck, Krampfadern

Ein erhöhter Herzschlag der – besonders stressbedingt – häufiger auftritt, ist ein Anlass zur Sorge und sollte unbedingt medizinisch untersucht werden. Ein Bad mit vier Tropfen Lavendel- und drei Tropfen Neroliöl wirkt beruhigend.

Menschen mit hohem Blutdruck kommt eine sanfte Massage zugute, eine intensive Tiefenmassage sollte jedoch vermieden werden. Mischen Sie 20 ml Traubenkernöl mit sieben Tropfen Sandelholz- und drei Tropfen Ylang-Ylang-Öl. Verwenden Sie einen Teelöffel täglich zur entspannenden Massage von Nacken und Schultern.

Bei Krampfadern kann das Auftragen einer kühlenden Lotion (20 ml Lotion mit je fünf Tropfen Römischem Kamillen- und Palmarosaöl mischen) hilfreich sein. Sie dürfen die betroffenen Stellen unter keinen Umständen massieren.

Wichtige ätherische Öle

Ylang Ylang wirkt beruhigend und baut Stress ab, besonders bei Angstzuständen.

MAJORAN

Origanum majorana Majoran ist ein Kraut, das sowohl in der Küche als auch in der Medizin verwendet wird. Es ist warm, beruhigend und hilft bei Sorgen sowie nervöser Anspannung. Auf einem sonnigen, gut entwässerten Feld lässt es sich gut anbauen. Früher füllte man Majoran in kleine Stoffsäckchen und trug es zur Parfümierung bei sich.

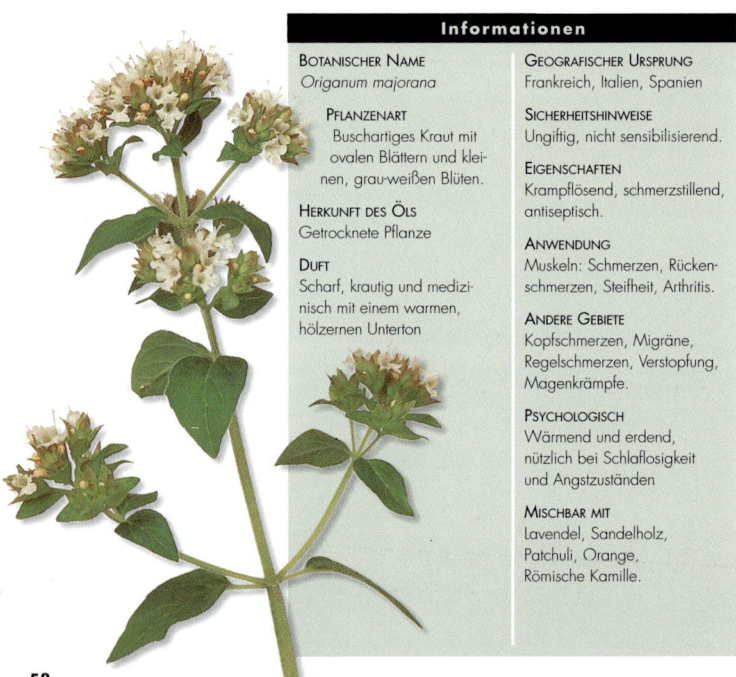

Informationen

BOTANISCHER NAME
Origanum majorana

PFLANZENART
Buschartiges Kraut mit ovalen Blättern und kleinen, grau-weißen Blüten.

HERKUNFT DES ÖLS
Getrocknete Pflanze

DUFT
Scharf, krautig und medizinisch mit einem warmen, hölzernen Unterton

GEOGRAFISCHER URSPRUNG
Frankreich, Italien, Spanien

SICHERHEITSHINWEISE
Ungiftig, nicht sensibilisierend.

EIGENSCHAFTEN
Krampflösend, schmerzstillend, antiseptisch.

ANWENDUNG
Muskeln: Schmerzen, Rückenschmerzen, Steifheit, Arthritis.

ANDERE GEBIETE
Kopfschmerzen, Migräne, Regelschmerzen, Verstopfung, Magenkrämpfe.

PSYCHOLOGISCH
Wärmend und erdend, nützlich bei Schlaflosigkeit und Angstzuständen

MISCHBAR MIT
Lavendel, Sandelholz, Patchuli, Orange, Römische Kamille.

VETIVER

Vetiveria zizanoides In Indien werden aus den Spitzen des Grases Matten gewoben. In Asien ist es als „Öl der Gelassenheit" bekannt. Sein tiefer, rauchiger, erdiger Duft wirkt emotional stabilisierend. Es wird auch als Basisnote in Damen- und Herrenparfums verwendet. In der Aromatherapie wirkt es gegen Stress.

Informationen

BOTANISCHER NAME
Vetiveria zizanoides

PFLANZENART
Hohes Gras mit stark duftenden Wurzeln.

HERKUNFT DES ÖLS
Wurzeln

DUFT
Erdig, sinnlich, warm und rauchig.

GEOGRAFISCHER URSPRUNG
Java, Haiti, Reunion.

SICHERHEITSHINWEISE
Ungiftig, nicht reizend.

EIGENSCHAFTEN
Löst Krämpfe, beruhigt die Nerven, regt die örtliche Durchblutung an.

ANWENDUNG
Muskeln: Schmerzen, Rückenschmerzen, Steifheit, Arthritis.

ANDERE GEBIETE
Regelschmerzen, Magenkrämpfe.

PSYCHOLOGISCH
Sehr beruhigend und stärkend, wirkt bei Depressionen, Anstzuständen und sexueller Unsicherheit.

MISCHBAR MIT
Neroli, Jasmin, Patchuli, Rose, Lavendel, Petitgrain.

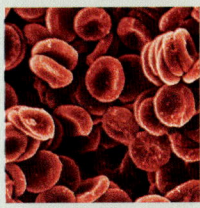

Rote Blutkörperchen
Vetiver regt den Kreislauf an.

Ätherische Öle für das Atmungssystem

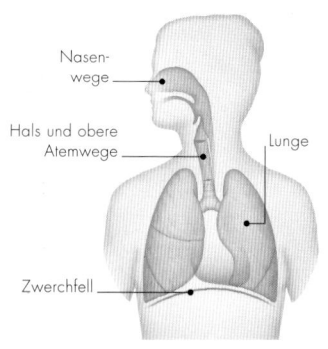

Nasen-
wege

Hals und obere
Atemwege

Lunge

Zwerchfell

Inhalation
*Beim Inhalieren erreichen die Öle
schnell das Atmungssytem.*

Ätherische Öle können sehr
wirkungsvoll zur Bekämpfung
von Problemen mit dem
Atmungssystem eingesetzt werden. Viele
der nützlichsten Öle wie Eukalyptus
entwickeln starke Dämpfe, die beim
Inhalieren zähen Schleim in der Brust
lösen und beim Abhusten helfen.
Andere, sanftere Öle vertiefen die
Atmung und lindern Hustenkrämpfe.

Die Öle anwenden

Für die besten Ergebnisse müssen
verschiedene Methoden gleichzeitig
angewendet werden. Sie können z. B.
Verdampfer mit abschwellenden Ölen
im Schlafzimmer oder am Arbeitsplatz
aufstellen, die ständig für einen entsprechenden Duft sorgen. Abends sind
Bäder sehr sinnvoll. Das heiße Wasser
und die sanften Dämpfe der Öle sorgen
für Entspannung und einen tiefen,
erholsamen Schlaf.

Brustsalben sind spezielle Mischungen, die morgens und abends auf die
Brust aufgetragen werden. Sie unterstützen die Atmung und lösen Verschlei-
mungen. Reiben Sie die Salbe gut ein
und ziehen Sie sich warm an. Fußbäder
wirken hervorragend gegen Frösteln
und kalte Schauer. Baden Sie Ihre
Füße 20 Minuten und ziehen Sie sich
anschließend warme Socken an.

Bei der klassischen Inhalation halten
Sie den Kopf über eine Schüssel mit
heißem Wasser und bedecken ihn mit

einem Handtuch. Atmen Sie die Dämpfe tief ein. Am besten wirken Öle wie Eukalyptus und Zitrone (je drei Tropfen). Es gibt auch Inhalationsapparate, die den ganzen Vorgang weniger aufwändig machen. Sie sind gut am Arbeitsplatz benutzbar. Erhältlich sind sie z. B. in Apotheken und Drogerien.

Hinweise zur Inhalation

Der Dampf des kochenden Wassers kann die Atemwege verbrühen. Lassen Sie das Wasser daher immer erst kurz abkühlen.

Inhalationen sind für Asthmatiker nicht geeignet, da die Dämpfe zu intensiv sind.

Entfernen Sie Brille oder Kontaktlinsen.

Heben Sie gelegentlich das Handtuch an, um frische Luft zuzuführen.

Überwachen Sie Kinder die ganze Zeit.

Wichtige ätherische Öle

Eukalyptus ist ein Klassiker zur Behandlung von Husten und Erkältungen.

EUKALYPTUS

Eucalyptus globulus Eukalyptus ist ein starkes antiseptisches Heilmittel aus Australien, das als wichtiger Bestandteil in vielen Erkältungsmedikamenten enthalten ist. Es gibt ca. 700 verschiedene Eukalyptusarten. *Eukalyptus Globulus* wird in der Aromatherapie am häufigsten verwendet. Der Duft lässt Sie sofort wieder tief durchatmen.

Informationen

BOTANISCHER NAME
Eucalyptus globulus

PFLANZENART
Großer immergrüner Baum mit blau-grünen Blättern und einer glatten, hellen Rinde.

HERKUNFT DES ÖLS
Blätter und junge Zweige

DUFT
Stark, medizinisch, scharf mit holzigem Unterton.

GEOGRAFISCHER URSPRUNG
Australien, China

SICHERHEITSHINWEISE
Ungiftig, nicht sensibilisierend.

EIGENSCHAFTEN
Antiseptikum, wirkt abschwellend und fördert den Auswurf von Sekret, regt die örtliche Durchblutung an.

ANWENDUNG
Atemwege: Erkältungen, Grippe, Husten, Bronchitis, Brustentzündungen.

ANDERE GEBIETE
Muskelschmerzen, Arthrose, Rückenschmerzen, Infektionen der Haut.

PSYCHOLOGISCH
Klärend, frisch und heiter, gibt ein Gefühl von Weite.

MISCHBAR MIT
Zitrone, Pfefferminze, Teebaum, Atlas-Zeder.

Erste Hilfe
Eukalyptus sollte in allen Erste-Hilfe-Koffern enthalten sein.

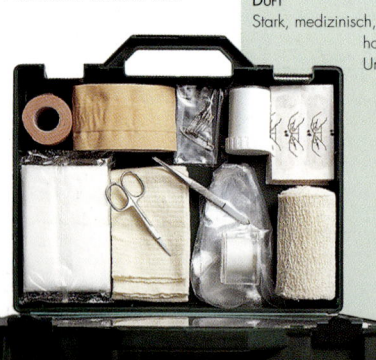

ZITRONE

Citrus limonum Zitrone ist in den Mittelmeerländern als Stärkungsmittel bei Infektionskrankheiten beliebt. Das Öl wird vor allem auf Sizilien produziert und aus der Schale ausgepresst. Wenn Sie ein dünnes Stück Zitronenschale abkratzen und umdrehen, sehen Sie auf der Rückseite die ölgefüllten Säckchen.

Informationen

BOTANSCHER NAME
Citrus limonum

PFLANZENART
Kleiner immergrüner Baum mit stark duftenden Blüten und saftigen gelben Früchten.

HERKUNFT DES ÖLS
Fruchtschale

DUFT
Heiter, frisch.

GEOGRAFISCHER URSPRUNG
Italien, Spanien, Frankreich.

SICHERHEITSHINWEISE
Fototoxisch. Bis zu 12 Stunden nach Auftragen einer Mischung darf die Haut keiner UV-Strahlung ausgesetzt werden.

EIGENSCHAFTEN
Antiseptisch, entgiftend, stärkt das Immunsystem, wirkt antidepressiv, fördert den Auswurf von Sekret.

ANWENDUNG
Atemwege: Erkältungen, Sinusitis, Bronchitis, Brustentzündungen.

ANDERE GEBIETE
fettige Haut, Akne, Arthrose, Lymphstau, Lethargie.

PSYCHOLOGISCH
Antidepressivum, hebt die Stimmung, verbessert das Wohlbefinden.

MISCHBAR MIT
Lavendel, Pfefferminze, Atlas-Zeder, Neroli, Patchuli.

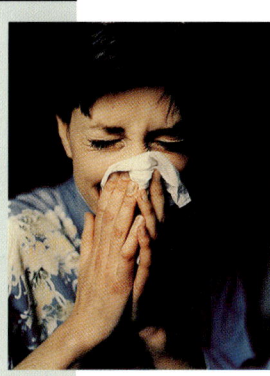

Erkältungsmedizin
Zitrone wird häufig in Mitteln gegen Erkältungen und Husten verwendet.

Öle für das Atmungssystem • 1

<table>
<tr><td colspan="3" align="center">**Beschwerden und Behandlung**</td></tr>
</table>

Die Zahl neben dem Öl gibt an, wie viele Tropfen verwendet werden sollen. Nehmen Sie für Kinder zwischen drei und zehn Jahren die Hälfte.

BESCHWERDE	ÖL	ANWENDUNGSMETHODE
Bronchitis: Brustentzündung nach Erkältungen	4 Teebaum 4 Atlas-Zeder	Inhalation, zweimal täglich
	5 Teebaum 5 Eukalyptus	Öle mit 20 ml Traubenkernöl mischen. Morgens und abends einen halben Teelöffel in die Brust massieren.
Sinusitis: schmerzhafte Verstopfung der Nebenhöhlen, grün-gelber Ausfluss aus der Nase	4 Teebaum 2 Pfefferminze	Inhalation, zweimal täglich
	6 Teebaum 4 Zitrone	Öle mit 20 ml Traubenkernöl mischen. Vorsichtig einen halben Teelöffel in das Gesicht massieren, besonders abends.
Trockener Husten: kein Abhusten, kitzelt und kratzt	2 Sandelholz 4 Atlas-Zeder	Inhalation, morgens und abends
Husten: mit klarem weißem oder grünlichem Auswurf	4 Teebaum 4 Eukalyptus 2 Pfefferminze	Öle mit 20 ml Mandelöl mischen. Morgens und abends einen halben Teelöffel in die Brust massieren.
Halsentzündungen: rauer Hals, Schluckbeschwerden	2 Sandelholz	Pur auf die Außenseite des Halses auftragen, sanft einreiben. Zum Gurgeln das Öl in einen Becher Wasser geben und gut verrühren. Gurgeln und ausspucken.

Asthma

Die Verkrampfung der Atemwege mit einem Gefühl von Enge in der Brust und Atemnot ist beängstigend. Durch die Aromatherapie können Beschwerden gelindert werden. Setzen Sie jedoch niemals die vom Arzt verschriebenen Medikamente ab. Der Duft von zwei Tropfen Atlas-Zedern- und vier Tropfen Lavendelöl in einen Verdampfer hilft beim Einschlafen. Die gleichen Öle können auch in einem Bad verwendet werden.

Lavendel ist eines der besten Öle gegen Asthma, da es entspannend, emotional beruhigend und krampflösend wirkt. Atlas-Zeder und Weihrauch sind holzige, beruhigende Öle, welche die Atmung verlangsamen und einem ein Gefühl von Frieden geben.

Kinder

Auch Kinder zwischen drei und zehn Jahren können behandelt werden, jedoch darf nur die halbe Ölmenge verwendet werden. Durch einen Verdampfer im Schlafzimmer, in den Sie je drei Tropfen Eukalyptus- und Lavendelöl geben, wird der Schlaf gefördert.

Wichtige ätherische Öle

Atlas-Zedernöl beruhigt die Atmung, wenn es verdampft wird.

ATLAS-ZEDER

Cedrus atlantica Das Öl stammt von einem schönen, majestätischen Baum, der bis zu 30 m hoch werden kann. Er hat eine weit ausladende, zeltartige Statur. Unter seinem Baldachin zu stehen – umgeben vom Duft des Holzes – kann eine sehr meditative Erfahrung sein.

Informationen

BOTANISCHER NAME
Cedrus atlantica

PFLANZENART
Großer immergrüner Baum mit rötlichem, duftendem Holz.

HERKUNFT DES ÖLS
Holz

DUFT
Medizinische Kopfnote mit warmem, süßem, holzigem Unterton.

GEOGRAFISCHER URSPRUNG
Atlasgebirge in Nordafrika

SICHERHEITSHINWEISE
Ungiftig, nicht reizend.

EIGENSCHAFTEN
Fördert den Auswurf von Sekret, löst Krämpfe, verjüngt die Haut, beruhigt die Nerven.

Füße
Atlas-Zedernöl kann bei rissigen Fußsohlen helfen.

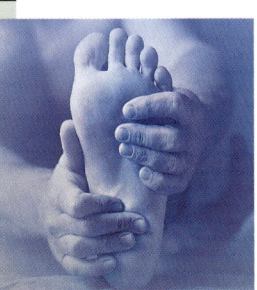

ANWENDUNG
Atmung: Husten, Bronchitis, Brustentzündungen, Asthma.

ANDERE GEBIETE
Nässende Ekzeme, reife Haut, Schuppen, Akne.

PSYCHOLOGISCH
Stressabbauend, beruhigend, gut gegen Angstzustände.

MISCHBAR MIT
Weihrauch, Rose, Patchuli, Eukalyptus, Zitrone.

SANDELHOLZ

Santalum album Dieses wunderbare Öl aus Indien wird seit Jahrtausenden verwendet. Ein Baum muss ca. 30 Jahre wachsen, bevor er qualitativ hochwertiges Öl produziert. In Indien wird das Öl als medizinisches Stärkungsmittel, als Räucherwerk in den Tempeln und als Parfümzutat geschätzt. Der Duft spricht Männer und Frauen an.

Informationen

BOTANISCHER NAME
Santalum album

PFLANZENART
Kleiner immergrüner Baum mit duftendem Holz.

HERKUNFT DES ÖLS
Holz

DUFT
Weich, süß, schwer; warme holzig-würzige Untertöne.

GEOGRAFISCHER URSPRUNG
Indien

SICHERHEITSHINWEISE
Ungiftig, nicht reizend.

EIGENSCHAFTEN
Fördert den Auswurf von Sekret, antiseptisch, Haut verjüngend, Stärkungsmittel für den Genital- bzw. Harntrakt

ANWENDUNG
Atmung: Husten, Halsschmerzen, Bronchitis

ANDERE GEBIETE
Akne, fettige oder reife Haut, Blasenentzündung, Candida.

PSYCHOLOGISCH
Sehr entspannend und beruhigend. Hilft bei Depressionen, Angstzuständen und Schlaflosigkeit.

MISCHBAR MIT
Benzoe, Rose, Neroli, Zitrone, Patchuli, Atlas-Zeder.

Ruhig
Der sanfte, holzige Duft von Sandelholz hilft bei der Meditation.

67

Öle für das Atmungs- system • 2

Die Zahl neben dem Öl gibt an, wie viele Tropfen verwendet werden sollen. Nehmen Sie für Kinder zwischen drei und zehn Jahren die Hälfte.

BESCHWERDE	ÖL	ANWENDUNGSMETHODE
Mandelentzündung: Entzündung der Rachenmandeln mit Fieber, Kopf- oder Ohrenschmerzen. Suchen Sie einen Arzt auf.	3 Teebaum 3 Eukalyptus	Durch die Aromatherapie wird das Immunsystem während der Infektion unterstützt. Verwenden Sie die Öle im Schlafzimmer in einem Verdampfer.
Keuchhusten: Suchen Sie einen Arzt auf.	3 Eukalyptus 3 Atlas-Zeder	Hier ist Aromatherapie hilfreich. Verwenden Sie die Öle zur Unterstützung der Atmung in einem Verdampfer. Ein warmes Bad mit zwei Tropfen Lavendelöl fördert den Schlaf.
Heuschnupfen: Allergische Reaktion (auf Pollen, Staub, Pilze und Tierhaare) in der Nase und den Atemwegen	2 Pfefferminze 4 Lavendel	Verdampfen Sie die Öle zur Unterstützung der Atmung oder geben Sie etwas Öl auf ein Tuch und riechen Sie daran.
Chronischer Katarrh: Manche Menschen leiden ständig darunter. Zeichen eines schwachen Immunsystems	2 Rosmarin 2 Pfefferminze	Geben Sie die Öle auf ein Tuch und riechen Sie daran, um den Katarrh tagsüber zu lösen.
Kehlkopfentzündung: Entzündung der Stimmbänder aufgrund einer Infektion, führt zu einem bellenden Husten und eventuellem Stimmverlust	2 Teebaum 2 Eukalyptus 2 Sandelholz	Zwei- bis dreimal täglich inhalieren, um den Hals zu beruhigen.

Erkältung und Grippe

Wenn eine Erkältung oder eine Grippe droht, versuchen Sie es mit einem abendlichen Bad , das die Abwehr stärkt. Geben Sie je zwei Tropfen Teebaum-, Schwarzer Pfeffer- und Bergamottöl ins Wasser. Wiederholen Sie dieses jeden Abend und ruhen Sie viel. Verdampfen Sie je drei Tropfen Teebaum- und Eukalyptusöl, um die Luft zu desinfizieren. Stellen Sie ein Einreibemittel für die Brust her, indem Sie je vier Tropfen Teebaum- und Zitronen- sowie zwei Tropfen Sandelholzöl mit 20 ml Mandelöl mischen. Tragen Sie zweimal täglichen einen halben Teelöffel auf Hals und Brust auf.

Durch die Aromatherapie wird die Entspannung gefördert und Verstopfungen in Nase, Hals und Brust werden gelindert. Wenn sie regelmäßig angewendet wird, kann sich die Infektionsdauer auf ein Minimum reduzieren.

Wichtige ätherische Öle

Zitronenöl stärkt das Immunsystem.

BENZOE

Styrax benzoin Im Fernen Osten wird Benzoe als Räucherwerk und Medizin sehr geschätzt. Bei uns war es früher oftmals in Stärkungsmitteln für die Atmung enthalten. Im 16. Jahrhundert war sein Duft bei der englischen Königin Elisabeth I. sehr beliebt. In der Aromatherapie wird es vor allem gegen Stress eingesetzt.

Königlich

Benzoe war der Lieblingsduft von Königin Elizabeth I.

Informationen

BOTANISCHER NAME
Styrax benzoin

PFLANZENART
Tropischer Baum. Das Harz tritt aus bewusst beigefügten Schnitten in der Rinde aus.

HERKUNFT DES ÖLS
Harz. Benzoe selbst ist kein ätherisches Öl, sondern ein Harz, aus dem das Öl chemisch herausgelöst wird.

DUFT
Süß, schwer und vanilleartig.

GEOGRAFISCHER URSPRUNG
Sumatra

SICHERHEITSHINWEISE
Für Menschen, die zu Allergien neigen, nicht geeignet.

EIGENSCHAFTEN
Fördert den Auswurf von Sekret, antiseptisch, heilend, beruhigt die Nerven.

ANWENDUNG
Atmung: Husten, Erkältungen, Bronchitis, Brustentzündungen.

ANDERE GEBIETE
Schnitte, Kratzer, rissige Fersen, spröde Haut.

PSYCHOLOGISCH
Sehr beruhigend, pflegend, Antidepressivum.

MISCHBAR MIT
Zitrone, Atlas-Zeder, Weihrauch, Lavendel, Sandelholz.

BENZOE

TEEBAUM

Melaleuca alternifolia Teebaumöl ist ein außerordentlich erfolgreiches ätherisches Öl. Es ist heute in vielen Produkten – von Kosmetika bis Zahnpasta – enthalten. Das Öl stammt aus Australien, vorwiegend aus New South Wales. Bei den Aborigines gilt es als traditionelles Heilmittel. Es ist antiseptisch, antifungal sowie antiviral und kann zu vielen Zwecken verwendet werden. Führen Sie immer etwas davon mit sich.

Informationen

BOTANISCHER NAME
Melaleuca alternifolia

PFLANZENART
Kleiner Baum mit dünnen, nadelartigen Blättern.

HERKUNFT DES ÖLS
Blätter und Zweige

DUFT
Stark, medizinisch, rein und frisch.

GEOGRAFISCHER URSPRUNG
Australien

SICHERHEITSHINWEISE
Ungiftig, nicht reizend.

EIGENSCHAFTEN
Antiseptisch, antibakteriell, antifungal, antiviral, fördert den Auswurf von Sekret.

ANWENDUNG
Atmung: Erkältung, Grippe Bronchitis, Keuchhusten.

ANDERE GEBIETE
Fußpilz, Candida, Nagelbettentzündung, infizierte Schnitte, Wunden. Kann pur auf der Haut verwendet werden.

PSYCHOLOGISCH
Frisch und vitalisierend, stärkt den Geist.

MISCHBAR MIT
Bergamotte, Atlas-Zeder, Ingwer, Lavendel, Schwarzer Pfeffer.

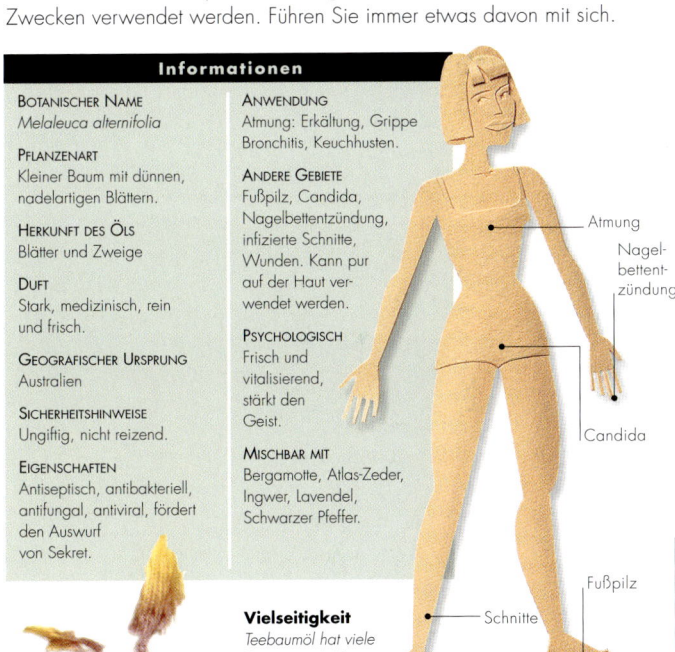

Atmung

Nagel-
bettent-
zündung

Candida

Fußpilz

Schnitte

Vielseitigkeit
Teebaumöl hat viele Einsatzmöglichkeiten.

Ätherische Öle für die Verdauung

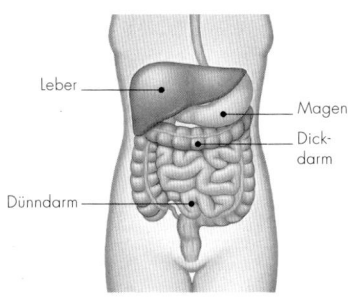

Leber

Magen

Dick-darm

Dünndarm

Verdauung
*Eine gute Verdauung ist
lebenswichtig.*

Die Aromatherapie kann eine
große Hilfe bei der Behandlung
von Verdauungsstörungen sein.
Wir essen jeden Tag Lebensmittel unter-
schiedlicher Art und Qualität. Vom Verdauungstrakt, der eifrig damit beschäftigt ist, die Nährstoffe herauszufiltern,
nehmen wir kaum Notiz.

Stärkung

Oft essen wir sehr unregelmäßig und
leiden unter Verstopfung, da die Verdauung nur träge reagiert. Durch ätherische
Öle können wir sie stärken, den Rhythmus der Ausscheidungen verbessern
und unterschwelligen Stress lindern.
Stress wirkt sich rasch negativ auf die
Verdauung aus. Bauchmassagen, entweder selbst oder durch einen Therapeuten verabreicht, entspannen die
Bauchmuskeln.

Essgewohnheiten

Schlechte Essgewohnheiten haben auch
einen negativen psychologischen Effekt
auf das System. Ist man während des
Essens wütend oder gestresst, steht unter
großem Druck oder sieht beunruhigende
Bilder im Fernsehen, so führt das nicht
zu einer entspannten Verdauung. Auch
ein Lebensstil ohne viel Bewegung ist
nicht förderlich.

Versuchen Sie, ein gutes Gleichgewicht zwischen Ruhe, Entspannung,
gesunder Ernährung, regelmäßiger
Bewegung und einer positiven
Einstellung zu finden. Ätherische Öle

wie Pfefferminze, Ingwer, Schwarzer Pfeffer, Zitronengras und Orange wärmen und beruhigen den Bauchraum. Gleichzeitig regen sie den Appetit an.

Sicherheit

Beachten Sie unbedingt, dass ätherische Öle niemals oral eingenommen werden dürfen! Die Darmschleimhaut ist sehr empfindlich und würde nachhaltigen Schaden nehmen. Ätherische Öle können bei Massagen oder in Bädern sehr wirkungsvoll zur Behandlung von Verdauungsstörungen eingesetzt werden.

Es gab bereits mehrere Vergiftungsfälle, bei denen große Mengen ätherischer Öle getrunken wurden. Meist handelte es sich dabei um Unfälle. Achten Sie darauf, dass die Öle nicht in die Hände von Kindern gelangen.

Zur Behandlung von Kindern zwischen drei und zehn Jahren dürfen Sie immer nur die halbe Menge ätherischer Öle verwenden.

Wichtige ätherische Öle

Pfefferminzöl erfrischt und fördert den Verdauungsvorgang.

PFEFFERMINZE

Mentha piperita Im alten Griechenland trug man zu Festlichkeiten Kränze aus Pfefferminze als Kopfschmuck. Das Kraut diente auch als Tischdekoration. Heute kommt das ätherische Öl meist aus den USA. Es wird hauptsächlich als bekanntes Aroma in Zahnpasta und Kaugummi verwendet.

Informationen

BOTANISCHER NAME
Mentha piperita

PFLANZENART
Robustes Kraut mit frischen, minzig duftenden Blättern.

HERKUNFT DES ÖLS
Blätter

DUFT
Sehr frisch, scharf und kühlend.

GEOGRAFISCHER URSPRUNG
USA

SICHERHEITSHINWEISE
Ungiftiges, aber starkes Öl. In geringer Konzentration verwenden.

EIGENSCHAFTEN
Schmerzstillend, löst Krämpfe und wirkt abschwellend, regt den Auswurf von Sekret an.

ANWENDUNG
Verdauung: Magenverstimmung, Reizdarm, Verstopfung.

ANDERE GEBIETE
Muskelschmerzen, Krämpfe, Arthrose, Husten, Sinusitis.

PSYCHOLOGISCH
Heiter und belebend, hilft bei Kopfschmerzen und Stress.

MISCHBAR MIT
Zitrone, Ingwer, Fenchel Schwarzer Pfeffer, Zitronengras, Rosmarin.

Griechenland
Die alten Griechen liebten Pfefferminze bei ihren Festen.

SCHWARZER PFEFFER **Piper nigrum** Im Altertum wurde Schwarzer Pfeffer als so wertvoll angesehen, dass 3000 Pfund Pfeffer als Lösegeld für die Stadt Rom gefordert wurden. Er ist vor allem als Gewürz beliebt. Als ätherisches Öl ist Pfeffer eher unbekannt, es ist aber eines der besten wärmenden Öle für Verdauung und Kreislauf.

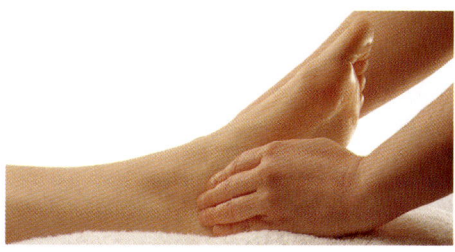

Gliedmaßen
Schwarzer Pfeffer verbessert die Durchblutung in Händen und Füßen.

Informationen

BOTANISCHER NAME
Piper nigrum

PFLANZENART
Kletterranke mit schönen, herzförmigen Blättern und Blütenbüscheln, die zu Früchten reifen.

HERKUNFT DES ÖLS
Zerquetschte und getrocknete Pfefferkörner.

DUFT
Muffig, würzig und scharf, unterschwellig süß.

GEOGRAFISCHER URSPRUNG
Indien

SICHERHEITSHINWEISE
Ungiftig, nicht reizend.

EIGENSCHAFTEN
Schmerzstillend, löst Krämpfe, regt die Durchblutung an, lindert Blähungen, stärkt das Immunsystem.

ANWENDUNG
Verdauung: Magenkrämpfe, Magenverstimmung, Reizdarm, Blähbauch, Appetitlosigkeit, Verstopfung.

ANDERE GEBIETE
Muskelschmerzen, Arthrose, schlechte Durchblutung, Grippe.

PSYCHOLOGISCH
Wärmend, Aphrodisiakum, gut bei Impotenz und sexueller Disharmonie.

MISCHBAR MIT
Fenchel, Pfefferminze, Zitrone, Bergamotte, Teebaum, Ingwer, Zitronengras.

Öle für die Verdauung • 1

Beschwerden und Behandlung

Die Zahl neben dem Öl gibt an, wie viele Tropfen verwendet werden sollen. Nehmen Sie für Kinder zwischen drei und zehn Jahren die Hälfte.

BESCHWERDE	ÖL	ANWENDUNGSMETHODE
Magenverstimmung: mit Bauchschmerzen, Blähbauch und Übelkeit	2 Pfefferminze 4 Schwarzer Pfeffer 4 Ingwer	Öle mit 20 ml Traubenkernöl mischen. Dreimal täglich einen halben Teelöffel in den Bauch massieren.
Verstopfung: unregelmäßiger Stuhlgang mit sehr hartem Stuhl	2 Neroli 2 Pfefferminze 6 Schwarzer Pfeffer	Öle mit 20 ml Mandelöl mischen. Dreimal täglich einen halben Teelöffel kreisförmig von rechts nach links in den Bauch massieren.
Übelkeit: Schwindel und Schweißausbrüche	2 Pfefferminze oder 2 Ingwer	Öl auf ein Tuch sprenkeln und daran riechen.
Kolik: geht mit Bauchschmerzen einher, aufgrund von Blähungen oder Verstopfung	4 Ingwer 4 Lavendel 2 Pfefferminze	Öle mit 20 ml Traubenkernöl mischen. Sanft kreisförmig in den Bauch einmassieren, mit einer Wärmflasche bedecken.
Appetitverlust, eventuell durch Krankheit oder emotionalen Stress	2 Neroli 2 Römische Kamille	Öle in ein warmes Bad geben.
	6 Bergamotte 2 Neroli 2 Fenchel	Öle mit 20 ml Traubenkernöl mischen. Sanft in den Bauch massieren.

Reizdarm

Diese Krankheit ist auf dem Vormarsch. Der Reizdarm wird meist durch Stress beeinflusst. Als Symptome zeigen sich ein steter Wechsel zwischen Verstopfung und Durchfall, Bauchschmerzen und ein Blähbauch. Wer darunter leidet, sollte sich von einem Ernährungsberater unterstützen lassen, da der Reizdarm oft durch Allergien ausgelöst wird. Eine Aromatherapiebehandlung durch einen Fachmann ist ebenfalls angebracht. Durch sie wird vor allem der unterschwellige Stress gelindert. Zur Selbsthilfe mischen Sie zwei Tropfen Pfefferminz- und je vier Tropfen Schwarzer Pfeffer- und Ingweröl mit 20 ml Traubenkernöl. Massieren Sie die Mischung dreimal täglich in den Bauch ein. Bedecken Sie ihn anschließend mit einer Wärmflasche. Sie wärmt den Bereich und regt so die Aufnahme der Öle an.

Sicherheit bei Kindern

Verwenden Sie für Babys nur einen Tropfen Römisches Kamillen- oder Lavendelöl in 20 ml Mandelöl. Massieren Sie damit ganz sanft den Bauch.

Warnung

Falls Sie länger als zwei Wochen unter einer ungewöhnlichen Darmtätigkeit leiden, sollten Sie unbedingt einen Arzt aufsuchen.

INGWER

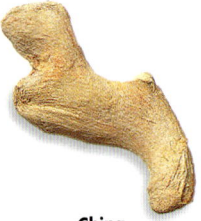

Zingiber officinale Ingwer wird seit Jahrtausenden als Medizin, Stärkungsmittel und Gewürz verwendet. In der chinesischen Medizin ist es der Hauptbestandteil aller Medikamente für Verdauungsstörungen. Die Wurzel muss ein Jahr alt sein, bevor sie das Maximum an ätherischem Öl enthält. Ingwertee (einen Teelöffel gehackte Wurzel 10 Minuten in kochendem Wasser ziehen lassen) ist gut bei Erkältungen und Grippe.

China

Ingwer ist wegen seiner Eigenschaften seit langem ein Favorit der Chinesen.

Informationen

BOTANISCHER NAME
Zingiber officinale

PFLANZENART
Hohe Pflanze mit langen, dunkelgrünen Blättern und einer fleischigen Wurzel.

HERKUNFT DES ÖLS
Getrocknete Wurzel

DUFT
Warm, süß, würzig, weich.

GEOGRAFISCHER URSPRUNG
China, Indien

SICHERHEITSHINWEISE
Ungiftig, nicht reizend.

EIGENSCHAFTEN
Schmerzstillend, löst Krämpfe, Stärkungsmittel, wirkt gegen Blähungen.

ANWENDUNG
Verdauung: Magenverstimmung, Kolik, Blähbauch, Reizdarm, Verstopfung.

ANDERE GEBIETE
Muskelschmerzen, Lethargie, schlechte Durchblutung, Grippe.

PSYCHOLOGISCH
Wärmt und gibt Energie, gut gegen schwaches Selbstbewusstsein und Depressionen.

MISCHBAR MIT
Zitrone, Schwarzer Pfeffer, Zitronengras, Fenchel, Orange.

FENCHEL

Foeniculum vulgare Früher galt Fenchel als Stärkungsmittel gegen die Ermüdung der Augen. Es ist auch in vielen Mitteln, die man Säuglingen gegen Blähungen und Koliken gibt, enthalten. Schon Nicholas Culpeper schrieb, dass Fenchel schmerzhafte Blähungen lindert. Eine Ölmischung mit Fenchel kann auch den Milchfluss anregen, wenn sie in die Schultern einmassiert wird.

Informationen

BOTANISCHER NAME
Foeniculum vulgare

PFLANZENART
Kraut, das bis zu 2 m hoch wird, mit dünnen Blättern und gelben Blüten.

HERKUNFT DES ÖLS
Samen

DUFT
Süß, anisartig, würzig, frisch.

GEOGRAFISCHER URSPRUNG
Mitteleuropa

SICHERHEITSHINWEISE
Ungiftig, nicht reizend.

EIGENSCHAFTEN
Löst Krämpfe, führt Gase ab, regt den Auswurf von Sekret an, reguliert die Menstruation, verbessert den Milchfluss.

ANWENDUNG
Verdauung: Magenkrämpfe, Magenverstimmung, Reizdarm, Verstopfung

ANDERE GEBIETE
Schmerzen, fest sitzender Husten, unregelmäßige Periode, Regelschmerzen, Wechseljahre

PSYCHOLOGISCH
Erfrischt den Geist, stärkt die Konzentration.

MISCHBAR MIT
Zitronengras, Ingwer, Vetiver, Sandelholz, Geranie, Rose.

Öl für Babys
Fenchel regt den Milchfluss an und lindert Koliken.

Ätherische Öle für den Harn- und Genitaltrakt

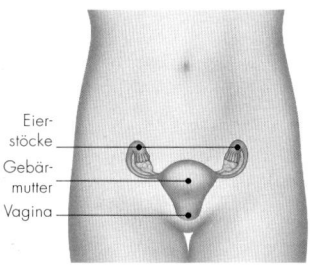

Eier-
stöcke

Gebär-
mutter

Vagina

Empfindlichkeit
*Die Öle sollten in diesem Bereich
sehr vorsichtig verwendet werden.*

Gesundheit bei Frauen

Aromatherapeuten behandeln oft speziell weibliche Gesundheits-störungen. Durch die Kombi-nation aus sanfter Berührung und wundervollen Düften hat die Aromathe-rapie positive Auswirkungen auf unser Energieniveau, die geistige Einstellung und das allgemeine Wohlbefinden. Es gibt sehr nützliche ätherische Öle, die den Menstruationszyklus regulieren und die Symptome des Prämenstruellen Syndroms (PMS) lindern. Der erzielte Effekt ist dabei sowohl psychologischer als auch körperlicher Art.

Zur Selbstbehandlung können Sie die Öle im Bad oder zur Massage verwen-den. Der Bauchregion sollten Sie viel Aufmerksamkeit widmen, vor allem wenn Sie unter Regelschmerzen leiden. Eine sanfte, kreisende Massage von rechts nach links lindert die Krämpfe. Auch eine auf den Bauch gelegte Wärmflasche schafft Abhilfe.

Schwangerschaft und Geburt

Während der Schwangerschaft und nach der Geburt kann die Aroma-therapie sehr hilfreich sein, wenn sie korrekt angewendet wird. Sie sollten jedoch immer Ihren Arzt oder Ihre Hebamme konsultieren und sich von einem ausgebildeten Aromatherapeuten beraten lassen. Zur Selbstbehandlung finden Sie auf den S. 88–89 einen Abschnitt mit Anwendungsmöglichkeiten und Sicherheitshinweisen.

Gesundheit bei Männern

Für Männer ist die Gesundheit des Harn- und Genitaltrakts besonders wichtig. Dies wird vor allem in der indischen und chinesischen Medizin beachtet. Beschwerden älterer Männer drehen sich oft um die Prostata, an der häufig Entzündungen und Vergrößerungen auftreten. Ein Aromatherapie-Stärkungsmittel kann hier sehr hilfreich sein.

Die Behandlung konzentriert sich auch auf Fruchtbarkeit oder sexuelle Disharmonien aufgrund von Stress. Bei vielen Männern ist Jasmin zur Stärkung der sexuellen Energie sehr wirksam. Der intensive, aber doch zarte Duft bestätigt Emotionen. Sandelholz wirkt erdend und stabilisiert Empfindungen. Öle wie Patchuli und Vetiver lindern Sorgen und Ingwer verleiht Energie und Wärme.

Wichtige ätherische Öle

Sandelholz ist ein sanftes, aber wirkungsvolles Stärkungsmittel für den Harn- und Genitaltrakt.

PALMAROSA

Cymbopogon martini Dieses tropische Gras stammt aus der gleichen Familie wie Zitronengras und Citronella. Es kommt ursprünglich aus Indien. Heute wird das Öl hauptsächlich in Madagaskar produziert. Das ätherische Öl wirkt antiseptisch und antifungal und hat einen süßen, rosenartigen Duft. Es ist herrlich, dass eine so gut riechende Pflanze gleichzeitig so nützlich ist.

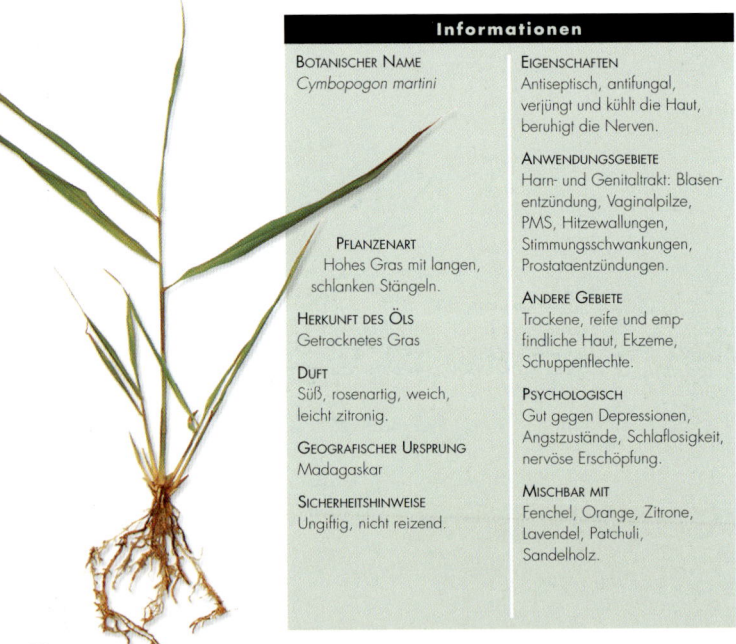

Informationen

BOTANISCHER NAME
Cymbopogon martini

PFLANZENART
Hohes Gras mit langen, schlanken Stängeln.

HERKUNFT DES ÖLS
Getrocknetes Gras

DUFT
Süß, rosenartig, weich, leicht zitrig.

GEOGRAFISCHER URSPRUNG
Madagaskar

SICHERHEITSHINWEISE
Ungiftig, nicht reizend.

EIGENSCHAFTEN
Antiseptisch, antifungal, verjüngt und kühlt die Haut, beruhigt die Nerven.

ANWENDUNGSGEBIETE
Harn- und Genitaltrakt: Blasenentzündung, Vaginalpilze, PMS, Hitzewallungen, Stimmungsschwankungen, Prostataentzündungen.

ANDERE GEBIETE
Trockene, reife und empfindliche Haut, Ekzeme, Schuppenflechte.

PSYCHOLOGISCH
Gut gegen Depressionen, Angstzustände, Schlaflosigkeit, nervöse Erschöpfung.

MISCHBAR MIT
Fenchel, Orange, Zitrone, Lavendel, Patchuli, Sandelholz.

GERANIE

Pelargonium graveolens Das beste ätherische Geranienöl kommt von der Insel Reunion. Nicholas Culpeper schrieb im 17. Jhd. in seinem Kräuterbuch, dass das Öl einer wilden Geranienart zum Ausscheiden von Nierensteinen führen kann. In der Aromatherapie wird es wegen seiner reinigenden und harntreibenden Wirkung verwendet. Es verbessert außerdem die Geschmeidigkeit der Haut.

Informationen

BOTANISCHER NAME
Pelargonium graveolens

PFLANZENART
Ganzjähriger, bis zu 1 m hoher Busch mit samtigen, stark duftenden Blättern.

HERKUNFT DES ÖLS
Blätter

DUFT
Sehr süß, rosenartig, leicht minzig und zitronig.

GEOGRAFISCHER URSPRUNG
Reunion (Pazifik)

SICHERHEITSHINWEISE
Ungiftig, nicht reizend.

EIGENSCHAFTEN
Antiseptisch, harntreibend, reguliert die Menstruation.

ANWENDUNGSGEBIETE
Harn- und Genitaltrakt: unregelmäßige Menstruation, PMS, Wassereinlagerungen, Wechseljahre.

ANDERE GEBIETE
Für alle Hauttypen, Akne, Ekzeme.

PSYCHOLOGISCH
Antidepressivum, hebt die Stimmung, besonders als Öl bei PMS nützlich, da es Depressionen und emotionale Anspannung lindert.

MISCHBAR MIT
Sandelholz, Zitrone, Lavendel, Vetiver, Weihrauch, Neroli.

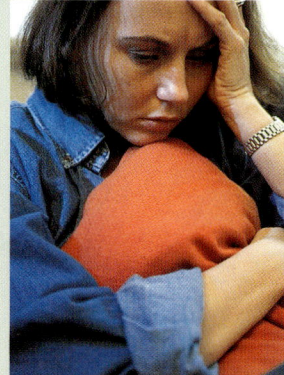

Hebt die Stimmung
Geranienöl ist gut für Frauen geeignet, die unter dem prämenstruellen Syndrom (PMS) leiden.

Öle für den Harn- und Genitaltrakt • 1

Beschwerden und Behandlung

Die Zahl neben dem Öl gibt an, wie viele Tropfen verwendet werden sollen.

BESCHWERDE	ÖLE	ANWENDUNGSMETHODE
Unregelmäßige Menstruation	3 Fenchel 4 Geranie 3 Vetiver	Öle mit 20 ml Mandelöl mischen. Drei bis vier Wochen jeden Abend einen halben Teelöffel in den Bauch massieren.
Menstruationsschmerzen: Krämpfe	5 Süßer Majoran 3 Ingwer 2 Vetiver	Öle mit 20 ml Traubenkernöl mischen. Dreimal täglich einen Teelöffel in den Bauch einmassieren. Anschließend eine Wärmflasche auf den Bauch legen.
Prämenstruelles Syndrom: Depressionen, Stimmungsschwankungen	3 Lavendel 3 Palmarosa	Öle abends ins Badewasser geben.
Empfindliche Brüste und Wassereinlagerungen	4 Geranie 4 Lavendel 2 Römische Kamille	Öle mit 20 ml Mandelöl mischen. Zweimal täglich einen Teelöffel in Bauch und Busen massieren.
Menstruationsbedingte Migräne	3 Süßer Majoran 3 Lavendel	Kalte Kompresse 20 Minuten auf die Stirn legen.
Blasenentzündung: Infektion der harnwege mit Schmerzen beim Wasserlassen. Wenn die Symptome anhalten, einen Arzt aufsuchen.	3 Teebaum 3 Sandelholz	Öle in ein warmes Bad geben, zweimal täglich darin baden.

Wechseljahre

Diese Phase im Leben einer Frau muss nicht problematisch verlaufen. Viele Frauen spüren gar keine Symptome. Häufig auftretende Beschwerden sind jedoch Stimmungsschwankungen, schwankende Energie, Angstzustände, nachlassende Libido und Hitzewallungen. Durch die Aromatherapie werden Stimmung und Energieniveau verbessert. Dem Körper werden ätherische Öle zugeführt, die das Hormonsystem ausgleichen. Rosenöl ist hierbei eines der wirksamsten. Sein Duft symbolisiert das Weibliche. In Verbindung mit Weihrauch und Sandelholz ergibt es eine wunderbare Mischung. Verwenden Sie diese mindestens einmal pro Woche zur Ganzkörpermassage. Mischen Sie je drei Tropfen Rosen- und Weihrauchöl sowie vier Tropfen Sandelholzöl mit 20 ml Mandelöl.

Vaginalpilze

Diese Pilzinfektion sollte durch abendliche Sitzbäder behandelt werden. Geben Sie dafür je drei Tropfen Teebaum- und Palmarosaöl ins Wasser.

Wichtige ätherische Öle

Rosenöl ist ausgesprochen „weiblich". Es bietet wirkungsvolle psychologische Unterstützung.

Jasmin
*Jasmin kann bei der
Geburt hilfreich sein.*

JASMIN Jasminum officinale In der
alten Kräutermedizin galt Jasmin als Geburtshelfer.
In Indien wird es als Parfüm und Haaröl hoch geschätzt. Bei religiösen Zeremonien werden die Blüten zu Kränzen gewunden und um den Hals getragen. Da die Blüten für die Destillation zu empfindlich sind, wird das Jasminöl auf chemischem Weg gewonnen. Es hat einen sehr vielschichtigen, blumigen Duft.

Informationen

BOTANISCHER NAME
Jasminum officinale

PFLANZENART
Kletterranke mit zarten Blättern und winzigen duftenden Blüten.

HERKUNFT DES ÖLS
Blüten

DUFT
Extrem süß, schwer, blumig, leicht moschusartig.

GEOGRAFISCHER URSPRUNG
Marokko, Türkei

SICHERHEITSHINWEISE
Ungiftig. Nicht während der Schwangerschaft verwenden.

EIGENSCHAFTEN
Löst Krämpfe, verjüngt die Haut, hilft bei den Wehen, regt den Milchfluss an.

ANWENDUNGSGEBIETE
Harn- u. Genitaltrakt: Wehen, träger Milchfluss, Regelschmerzen, Impotenz.

ANDERE GEBIETE
Asthma, Husten, trockene oder reife Haut, trockenes Haar und Kopfhaut.

PSYCHOLOGISCH
Sehr entspannend, sinnlich, bei sexueller Disharmonie und Angstzuständen, Aprodisiakum.

MISCHBAR MIT
Muskatellasalbei, Patchuli, Sandelholz, Weihrauch, Orange.

MUSKATELLASALBEI

Salvia sclarea Schon zu Zeiten des Nicholas Culpeper galt Muskatellasalbei als ein Kraut, das die Menstruation fördert und bei der Geburt hilfreich sein kann. Im Kräutergarten ist die Pflanze hübsch anzusehen und beim näheren Herantreten bemerkt man den sehr süßen, fast moschusartigen Duft. Das Öl ist besonders dafür bekannt, dass es die Stimmung hebt und beinahe schon Euphorie hervorruft.

Informationen

BOTANISCHER NAME
Salvia sclarea

PFLANZENART
Hohes Kraut (bis zu 1,5 m) mit bläulich-rosafarbenen Blüten.

HERKUNFT DES ÖLS
Blütenspitzen und Blätter

DUFT
Warm, nussig-süß, frisch und weich.

GEOGRAFISCHER URSPRUNG
Frankreich

SICHERHEITSHINWEISE
Ungiftig. Während der Schwangerschaft nicht empfohlen.

EIGENSCHAFTEN
Löst Krämpfe, reguliert die Menstruation, hilft in den Wehen, verjüngt die Haut, senkt den Blutdruck.

ANWENDUNGSGEBIETE
Harn- u. Genitaltrakt: Regelschmerzen, unregelmäßige Periode, Wehen, menstruationsbedingte Migräne, PMS.

ANDERE GEBIETE
Asthma, fest sitzender Husten, Akne, trockene Haut, Schuppen, hoher Blutdruck.

PSYCHOLOGISCH
Beruhigend, hebt die Stimmung aber stark an.

MISCHBAR MIT
Jasmin, Bergamotte, Lavendel, Orange, Sandelholz.

Öle für Schwangerschaft und Geburt

Beschwerden und Behandlung

Die Zahl neben dem Öl gibt an, wie viele Tropfen verwendet werden sollen.

BESCHWERDE	ÖL	ANWENDUNGSMETHODE
Morgendliche Übelkeit	1 Ingwer oder 1 Pfefferminze	Öle auf ein Tuch sprenkeln und immer wieder daran riechen.
Mischung zum Stressabbau, 3. bis 9. Monat der Schwangerschaft	2 Palmarosa 2 Neroli	Öle mit 20 ml Mandelöl mischen. Lassen Sie sich (vom Partner) Rücken und Schultern massieren. Setzen Sie sich auf einen Stuhl oder lehnen Sie sich an ein Kissen auf dem Tisch, sobald Sie nicht mehr auf dem Bauch liegen können. Zweimal wöchentlich massieren.
Verstopfung	2 Ingwer 2 Neroli	Öle mit 20 ml Mandelöl mischen. Besonders abends einen halben Teelöffel mit kreisförmigen Bewegungen in den unteren Rücken massieren.
Wehenmassage	2 Muskatellasalbei 2 Jasmin	Öle mit 20 ml Traubenkernöl mischen. Am Anfang der Wehen kann diese Mischung vorsichtig in den Bauch und in den unteren Rücken massiert werden.
Dammschnitt-Naht	3 Lavendel	Ein warmes Bad unterstützt die Heilung.

Sicherheit & Schwangerschaft

Während der ersten drei Monate sollten Sie eine Selbstmassage mit ätherischen Ölen vermeiden. Trägerprodukte wie Jojoba- oder Mandelöl können gegen Schwangerschaftsstreifen helfen, sie sollten jedoch keine Duftzusätze enthalten. Nach dem dritten Monat können Sie 20 ml Mandelöl mit vier Tropfen Mandarinenöl mischen und jeden Tag einen halben Teelöffel zur Massage verwenden.

Vermeiden Sie Muskatellasalbei- und Jasminöl während der gesamten Schwangerschaft. Verwenden Sie diese Öle erst bei der Geburt.

Nehmen Sie die Öle niemals oral zu sich!

Nach der Geburt

Eine sanfte Massage des unteren Rückens und Bauchs nach der Geburt hilft den inneren Organen, sich zu beruhigen. Verwenden Sie je zwei Tropfen Rosen- und Vetiveröl in 20 ml Mandelöl.

Wenn die Muttermilch nicht fließt, massieren Sie eine Mischung aus je zwei Tropfen Fenchel- und Rosenöl in 20 ml Traubenkernöl in die Schultern und den oberen Rücken.

Versuchen Sie es bei Wochenbettdepressionen mit einer wöchentlichen Ganzkörpermassage mit je zwei Tropfen Neroli- und Rosenöl in 20 ml Mandelöl.

ROSE

Rosa damascena Der süße, schwere Duft ist als Symbol wahrer Liebe seit jeher bekannt. Kandierte Blütenblätter, Rosenmarmelade und Rosenwasser werden seit dem alten Rom gegessen und getrunken – wie herrlich ist es, diesen göttlichen Duft zu sich zu nehmen. Rosenöl ist die Königin der ätherischen Öle, ein unbeschreiblich weiblicher Duft.

Alte Weisheit
Der moslemische Philosoph Avicenna destillierte Rosenöl bereits im 11. Jhd.

Informationen

BOTANISCHER NAME
Rosa damascena

PFLANZENART
Busch, wird bis zu 1,5 m hoch, mit einfachen, kleinen, rosafarbenen Blüten.

HERKUNFT DES ÖLS
Handgepflückte Blütenblätter. Durch chemische Extraktion wird auch eine Essenz hergestellt.

DUFT
Weich, honigsüß, sehr blumig und leicht zitronig. Die Essenz ist schwerer, mochusartiger und würziger.

GEOGRAFISCHER URSPRUNG
Das beste Öl stammt aus der Gegend um Kazanlik in Bulgarien. Die Essenz stammt aus Marokko.

SICHERHEITSHINWEISE
Ungiftig, nicht reizend.

EIGENSCHAFTEN
Löst Krämpfe, reguliert die Menstruation, Stärkungsmittel für die Leber, verjüngt die Haut.

ANWENDUNGSGEBIETE
Harn- u. Genitaltrakt: unregelmäßige Periode, PMS, Wechseljahre, Wochenbettdepression.

ANDERE GEBIETE
Träge Verdauung, trockene, fettige oder reife Haut, Ekzeme, Frostbeulen.

PSYCHOLOGISCH
Wirkt gegen intensive Gefühle wie Trauer, Wut und Hilflosigkeit. Hervorragend gegen Schlaflosigkeit, Sorgen und geistige Anspannung.

MISCHBAR MIT
Weihrauch, Jasmin, Zitronengras, Vetiver, Patchuli, Mandarine.

MANDARINE

Citrus reticulata Die kleine Zitrusfrucht wird traditionell mit Weihnachten in Verbindung gebracht. Wirft man die Schale in offenes Feuer, entwickelt sich ein wunderbarer, heiterer Duft. Das Öl wird aus der Schale ausgepresst. Der süße Duft ist auch bei Kindern sehr beliebt. Er erfrischt und fördert bei Kindern und Erwachsenen eine positive Stimmung.

Informationen

BOTANISCHER NAME
Citrus reticulata

PFLANZENART
Immergüner, bis zu 6 m hoher, Baum mit dunkelgrünen, glänzenden Blättern und duftenden Blüten, die zu Früchten reifen.

HERKUNFT DES ÖLS
Fruchtschale

DUFT
Süß, zitrusartig, frisch und leicht.

GEOGRAFISCHER URSPRUNG
Südeuropa

SICHERHEITSHINWEISE
Ungiftig, nicht sensibilisierend, ruft keine Lichtreaktion hervor.

EIGENSCHAFTEN
Löst Krämpfe, harntreibend, beruhigt die Nerven, verjüngt die Haut.

ANWENDUNGSGEBIETE
Harn- u. Genitaltrakt: PMS mit Wassereinlagerungen, Schwangerschaftsstreifen.

ANDERE GEBIETE
Magenverstimmung bei Kindern, Verstopfung, fettige, trockene oder Mischhaut.

PSYCHOLOGISCH
Baut Stress ab, nützlich bei Sorgen, Angstzuständen und Schlafstörungen bei Kindern. Lindert Hemmungen bei Erwachsenen.

MISCHBAR MIT
Lavendel, Zitrone, Palmarosa, Neroli, Römische Kamille.

Haut
Mandarinenöl hilft bei fettiger Haut.

Ätherische Öle für die Nerven

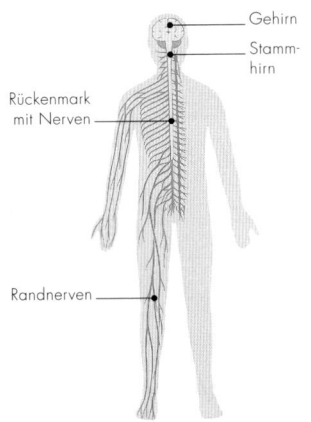

Gehirn

Stammhirn

Rückenmark mit Nerven

Randnerven

Nervensystem
Vom Rückenmark aus verlaufen Nerven durch den Körper.

Sie haben zu viel zu tun und zu wenig Zeit. Sie haben das Gefühl, dass Sie einen Felsbrocken den Berg hinaufrollen. Ihre Reserven sind am Ende und Sie gehen beim kleinsten Anlass in die Luft. Sie brauchen eine Aromatherapie.

Halten Sie an

Oft werden wir uns einer Nervenanspannung erst bewusst, wenn wir uns unnötig aufregen, unter Schlaflosigkeit oder häufigen Migräneanfällen leiden. Zu diesem Zeitpunkt ist es wichtig, anzuhalten. Ein Aromatherapiebad ist dabei hilfreich, besonders abends. Nehmen Sie Ölmischungen gegen Stress, z. B. vier Tropfen Lavendel- und zwei Tropfen Vetiveröl oder vier Tropfen Bergamotte- und zwei Tropfen Ylang-Ylangöl. Nach einem hektischen Tag sollten Sie sich abends 30 Minuten im Bad entspannen. Bei Schlaflosigkeit hilft ein Verdampfer. Lassen Sie ihn vor dem Schlafengehen 15 Minuten eingeschaltet, damit sich der Duft verteilen kann.

Migräne und Kopfschmerzen werden durch vier Tropfen Lavendelöl pur auf Stirn, Schläfen und Nacken gelindert. Ein Bad mit je drei Tropfen Sandelholz- und Neroliöl kann Sorgen und Ängste abbauen, die eventuell den Kopfschmerzen zugrunde liegen.

Wenn Sie beginnen, Ihre Lieblingsöle bewusst auszuwählen und einfache Behandlungen wie Bäder oder Verdampfer anzuwenden, merken Sie bald, wie sich Ihr Lebensstil ändert. Sie werden auf einmal mehr Zeit für sich selbst haben.

Jetlag

Aromatherapie wird immer häufiger zur Bekämpfung des Jetlag angewendet. Ätherische Öle können Ihnen sowohl beim Wachbleiben als auch bei der Entspannung zu gegebener Zeit helfen. Auf diese Weise kann sich Ihre innere Uhr in Ruhe umstellen. Eine entspannende Mischung aus zwei Tropfen Neroliöl und je vier Tropfen Sandelholz- und Lavendelöl in 20 ml Trägeröl hilft Ihnen beim Einschlafen. Reiben Sie sich nach einem Bad oder einer Dusche damit ein. Schnuppern Sie dagegen an frischen, zitronigen Ölen wie Rosmarin oder Zitronengras, um lange genug wach zu bleiben.

Wichtige ätherische Öle

An einem Tuch mit **Lavendelöl** zu riechen kann gegen die Nervosität vor dem Abflug helfen.

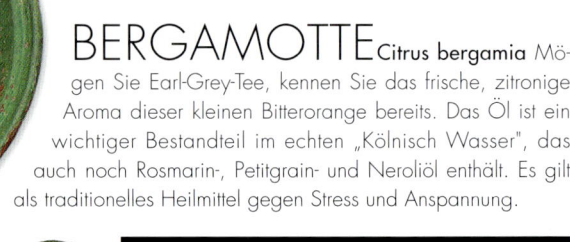

BERGAMOTTE

Citrus bergamia Mögen Sie Earl-Grey-Tee, kennen Sie das frische, zitronige Aroma dieser kleinen Bitterorange bereits. Das Öl ist ein wichtiger Bestandteil im echten „Kölnisch Wasser", das auch noch Rosmarin-, Petitgrain- und Neroliöl enthält. Es gilt als traditionelles Heilmittel gegen Stress und Anspannung.

BERGAMOTTE

Informationen

BOTANISCHER NAME
Citrus bergamia

PFLANZENART
Eine Unterart des Zitronenbaums, die auf Bitterorangenbäume aufgepfropft wurde.

HERKUNFT DES ÖLS
Fruchtschale

DUFT
Frisch, weich, zitrusartig und blumig.

GEOGRAFISCHER URSPRUNG
Italien

SICHERHEITSHINWEISE
Fördert Lichtreaktionen. Nach dem Auftragen die Haut 12 Stunden keiner UV-Strahlung aussetzen.

EIGENSCHAFTEN
Antidepressivum, antiseptisch, unterstützt die Wundheilung, Stärkungsmittel für Verdauung und Immunsystem.

ANWENDUNG
Nervensystem: Angstzustände, Depressionen, Sorgen, Schlaflosigkeit.

ANDERE GEBIETE
Wunden, Narbengewebe, Akne, Magenverstimmung, Blähbauch, Erkältung, Grippe.

PSYCHOLOGISCH
Sehr aufheiternd, lindert Frustrationen.

MISCHBAR MIT
Ylang Ylang, Weihrauch, Lavendel, Patchuli, Pfefferminze.

Aufheiternd
Bergamotteöl kann bei depressiven Personen die Stimmung verbessern.

YLANG YLANG *Cananga odorata* Im 19. Jhd. wurde Ylang Ylang in einem Haaröl, welches das Haar zum Glänzen bringt, bei uns verwendet. Indios setzen es immer noch zum gleichen Zweck ein. Die Blüten werden auch in den Hochzeitsbetten verstreut, da ihnen eine anregende Wirkung nachsagt wird. Der Duft von Ylang Ylang ist schwer und süß.

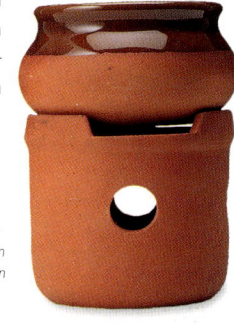

Verdampfen
Der süße Duft von Ylang-Ylang ist ein gutes Mittel gegen Anspannung.

Informationen

BOTANISCHER NAME
Cananga odorata

PFLANZENART
Hoher Baum mit exotischen gelben Blüten, hoch oben im Blattwerk.

HERKUNFT DES ÖLS
Blüten

DUFT
Sehr süß, moschusartig, weich und blumig.

GEOGRAFISCHER URSPRUNG
Madagaskar

SICHERHEITSHINWEISE
Ungiftig, bei sehr empfindlichen Menschen führt der extrem süße Duft manchmal zu Kopfschmerzen.

EIGENSCHAFTEN
Antidepressivum, senkt den Blutdruck, beruhigt die Nerven, verjüngt die Haut.

ANWENDUNG
Nervensystem: Angstzustände, Schlaflosigkeit, Depressionen, Stimmungsschwankungen.

ANDERE GEBIETE
Hoher Blutdruck, rasender Puls, Panikattacken, Akne, fettige Haut.

PSYCHOLOGISCH
Sehr entspannend, baut Stress ab, beruhigt Geist und Seele, gilt als Aphrodisiakum.

MISCHBAR MIT
Bergamotte, Zitronengras, Sandelholz, Patchuli, Orange, Mandarine.

Trägeröle

Trägeröle
Trägeröle sind pflanzliche Öle, in denen die ätherischen Öle vor der Massage verdünnt werden.

Was sind Trägeröle?

Bevor man eine Aromatherapie-massage durchführen kann, müssen die ätherischen Öle in Pflanzenölen – den Trägerölen – verdünnt werden. Auf diese Weise können die therapeutischen Wirkstoffe der ätherischen Öle durch die Haut in den Körper gelangen. Viele Trägeröle werden aus Nüssen und Samen gepresst, z. B. Mandel-, Traubenkern- und Sonnenblumenöl. Exotischere Öle werden z. B. aus Avocados gewonnen.

Diese Pflanzenöle sind in ihrer Zusammensetzung den natürlichen Hautfetten sehr ähnlich. Dazu gehört auch Jojobaöl, aus dem man ein flüssiges Wachs gewinnt. Sie verleihen der Haut Geschmeidigkeit, einen glatten Teint und eine samtige Struktur.

Welche Öle sollte man kaufen?

Es ist wichtig, qualitativ hochwertige Öle zu erwerben. Man erhält sie meist in Bioläden, sie können aber auch im Fachhandel bestellt werden. Versuchen Sie kalt gepresste Öle zu kaufen, die so weit wie möglich naturbelassen sind. Nur in diesen Öle sind noch alle Vitamine und Mineralien enthalten. Einige Öle müssen behandelt werden, aber vermeiden Sie es, billige Öle aus dem Supermarkt zu kaufen, da diese garantiert chemisch behandelt wurden. Wenn Sie Ihre Trägeröle im Kühlschrank aufbewahren, sollten sie sich ca. neun Monate halten. Petroleumprodukte wie Vaseline oder Babyöl eignen sich nicht als Trägerprodukte, da sie von der Haut nicht gut absorbiert werden.

Andere Trägerprodukte

Ätherische Öle können auch in puren
Cremes oder Lotionen aufgelöst
werden. Diese sind nichts weiter als
Emulsionen eines Pflanzenöls (wie
etwa Mandelöl) mit einem erhöhten
Fettgehalt und manchmal anderen
Zusatzstoffen wie Kakaobutter,
Bienenwachs oder einem Pflanzen-
auszug. Weiter hinten in diesem
Kapitel finden Sie Anweisungen, wie
Sie Ihre eigene Creme oder Lotion
herstellen können. Natürlich können
Sie beides auch jederzeit im Fach-
handel erwerben.

Cremes sind relativ fett und bieten
der Haut zusätzliche Nährstoffe,
während Lotionen eine milchige
Konsistenz haben und sich auf der
Haut leichter anfühlen. Auch hier
sollten Sie Produkte auf Peroleum- oder
Paraffinbasis meiden, da sie nicht mit
den hauteigenen Fetten kompatibel
sind. Die Aromatherapie ist besonders
wirksam, wenn man ausschließlich
natürliche, hochwertige Produkte
verwendet.

MANDELN

Prunus dulcis, syn. P. amygdalus Dieses sehr reichhaltige Öl wurde schon von den Römern zur Hautpflege verwendet. Mandeln stammen ursprünglich aus dem Mittleren Osten. Heute werden sie in der Mittelmeerregion angebaut. Mandelöl wird in der Kosmetikindustrie seit jeher in Cremes, Lotionen und weiteren Hautpflegeprodukten verarbeitet. In der Aromatherapie ist es eines der beliebtesten Trägeröle. Die Fettsäuren im Mandelöl spielen eine wichtige Rolle zur Gesunderhaltung der Haut. Sie fördern außerdem die Durchblutung und den Haarwuchs.

Informationen

BOTANISCHER NAME
Prunus amygdalus dulcis

PFLANZENART
Mandelbaum

HERKUNFT DES ÖLS
Ausgepresste Nüsse, sie ergeben ca. die Hälfte ihres Gewichts in Öl.

AUSSEHEN UND STRUKTUR
Leicht gelbliche Farbe, lässt sich leicht auftragen. Hinterlässt ein samtiges Gefühl auf der Haut.

WIRKSTOFFE
Gute Quelle für wichtige Fettsäuren.

SICHERHEITSHINWEISE
Bei einer Nussallergie nur bedingt geeignet.

HALTBARKEIT
6–9 Monate

VERWENDUGSZWECK
Schütz und pflegt die Haut, gut als Massagegrundlage bei trockener und empfindlicher Haut.

Schönheit
Das Mandelöl wird seit jeher zur Hautpflege verwendet.

Extraktion
Das Jojobawachs wird aus den Bohnen extrahiert.

JOJOBA *Simmondsia chinensis* Dieses Trägerprodukt wird schon seit langem von den Indianern in Arizona und New Mexico, die in einem sehr rauen Klima leben, verwendet. Der Unterschied zwischen Jojoba und anderen Trägern besteht darin, dass es eher ein flüssiges Wachs als ein Öl ist. Es eignet sich vor allem zur Verwendung im Gesicht, da es den natürlichen Hautfetten sehr ähnlich ist. Jojobawachs ist lange haltbar. Es ist als Hautpflege für alle Hauttypen geeignet.

Informationen

BOTANISCHER NAME
Simmondsia chinensis

PFLANZENART
Jojoba-Busch, der bis zu 1 m hoch wird., mit kleinen dunklen Bohnen, die das Wachs enthalten.

HERKUNFT DES ÖLS
Bohnen

AUSSSEHEN UND STRUKTUR
Goldfarben mit einer glatten Struktur. Wird von allen Hauttypen gut absorbiert.

HAUPTBESTANDTEIL
Flüssiges Wachs, den natürlichen Hautfetten sehr ähnlich.

SICHERHEITSHINWEISE
Keine

HALTBARKEIT
Ca. 1 Jahr

VERWENDUNGSZWECK
Massage bei allen Hauttypen. Jojoba verbindet sich mit dem Hautfett, löst Schmutz und entfernt Unreinheiten. Es ist ein gutes Konservierungsmittel für Aromatherapie-Mischungen. Nehmen Sie 25 % Jojoba- und 75 % Traubenkern- oder Mandelöl als Grundlage, bevor Sie die ätherischen Öle beifügen. Jojoba ist auch eine sehr gute Parfümgrundlage.

Gesundes Aussehen
Jojoba ist ein Stärkungsmittel für Haut und Haar.

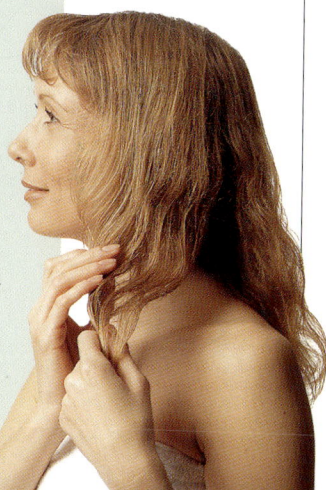

Mandel- und Jojobamischungen

Hautpflege mit Mandelöl

Mandelöl ist reich an Vitamin E und hervorragend dazu geeignet, den Teint zu klären und trockene Haut zu verbessern. Die Zahl hinter dem Öl gibt an, wie viele Tropfen verwendet werden sollen.

BEHANDLUNG	ÖL	ANWENDUNGSMETHODE
Gesichtspflege	2 Neroli 3 Petitgrain 5 Orange in 20 ml (4 Teelöffel) Mandelöl	Einen halben Teelöffel abends sanft ins Gesicht massieren.
Balsam für empfindliche Haut	2 Rose 2 Sandelholz in 20 ml Mandelöl	Besonders abends einen halben Teelöffel in die betroffenen Stellen massieren.
Hilfe bei Sonnenbrand	4 Lavendel 2 Pfefferminze 4 Palmarosa in 20 ml Mandelöl	Einen halben Teelöffel sehr behutsam auf die verbrannten Stellen auftragen.
Pflege für aufgesprungene Hände	3 Geranie 5 Lavendel 2 Neroli in 20 ml Mandelöl	Einen halben Teelöffel in die Hände einreiben, besonders nach dem Händewaschen.
Balsam für rissige Fersen	3 Weihrauch 3 Patchuli 4 Lavendel in 20 ml Mandelöl	Besonders abends einen halben Teelöffel in die betroffenen Stellen einreiben.

Jojoba-Parfüms

Jojoba ist ein hervorragender Träger für Ihre eigenen Parfüm-kreationen. Tupfen Sie ein wenig davon hinter die Ohren und auf die Handgelenke. Männer können sie als Aftershave verwenden.

ERGEBNIS	ÖLE
Sinnliches Parfüm, das Frauen und Männer anspricht. Ein zauberhafter, geheimnisvoller Duft.	2 Jasmin 3 Patchuli 5 Sandelholz in 20 ml (4 Teelöffel) Jojobaöl
Euphorisierendes Parfüm, das die Stimmung hebt, Sorgen vertreibt und ein Gefühl von Frieden gibt.	5 Orange 2 Neroli 3 Weihrauch in 20 ml Jojobaöl
Erdendes Parüm, das Sie zurück zu sich selbst führt, wenn alles zu viel wird.	5 Patchuli 3 Vetiver 2 Rose in 20 ml Jojobaöl
Erfrischendes Parfüm, das die Lebensgeister weckt, die Laune verbessert und Ihnen neue Energie verleiht.	5 Zitrone 3 Rosmarin 2 Zitronengras in 20 ml Jojobaöl
Fruchtiger Duft, der das sorgenfreie Gefühl und die Lebensfreude der Kindheit zurückbringt.	5 Orange 3 Mandarine 2 Benzoe in 20 ml Jojobaöl

GEHEIME KÜNSTE

AVOCADO

Persea americana Das Öl wird aus dem Frucht-fleisch der Avocado gewonnen. Die Frucht wurde erstmals in Südamerika ent-deckt. Schon die Azteken, die sie für ein Aphrodisiakum hielten, waren von ihr begeistert. Im 16. Jhd. wurde sie in Mexiko als Stärkungsmittel bei Krankheiten verwendet. Heute ist Avocado in vielen Kosmetika, z. B. in Haarpflegemitteln, enthalten. Sie glättet vor allem die oberste Hautschicht.

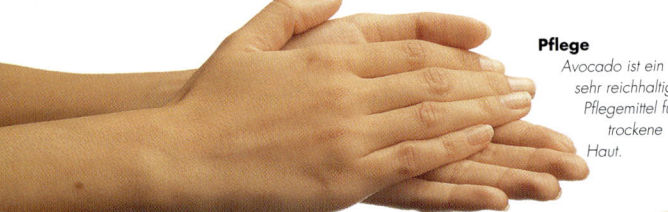

Pflege
Avocado ist ein sehr reichhaltiges Pflegemittel für trockene Haut.

Informationen

BOTANISCHER NAME
Persea americana

PFLANZENART
Avocadobaum

HERKUNFTS DES ÖLS
Reife Avocados.

AUSSEHEN UND STRUKTUR
Naturbelassenes Öl hat eine tiefgrüne Farbe und einen nussigen Duft. Das raffinierte Öl, das es meist zu kaufen gibt, hat weniger Nährstoffe und ist heller.

WIRKSTOFFE
Vitamine A und D, Kalium, Lecithin.

SICHERHEITSHINWEISE
Keine

HALTBARKEIT
6–9 Monate

VERWENDUNGS-ZWECK
Lindert Ekzeme und sehr trockene, rissige oder sich schälende Haut.

NACHTKERZE

Oenothera biennis Nachtkerzenöl wurde bereits seit jeher von den indianischen Medizinmännern zur Wundheilung eingesetzt. Es gilt als eines der besten Naturheilmittel und wird für die innerliche und die äußerliche Anwendung hoch geschätzt. Es enthält in hohem Maß Gammalinolensäure (GLS), die der Körper nicht selbst bilden kann. GLS ist entscheidend für die Bildung von Prostaglandin, das an vielen Abläufen beteiligt ist. Ein Mangel daran ist z. B. für viele Menstruationsstörungen verantwortlich.

KAPSELN

Informationen

BOTANISCHER NAME
Oenothera biennis

PFLANZENART
Hohes Kraut mit schlanken Blättern und gelben Blüten, die nur abends blühen.

HERKUNFT DES ÖLS
Blüten

AUSSEHEN UND STRUKTUR
Hellgelbe Farbe, ziemlich klebrige Struktur.

WIRKSTOFFE
Hohe Dosen von GLS

SICHERHEITSHINWEISE
Keine

HALTBARKEIT
Nachdem das Öl einmal Luft ausgesetzt wurde, hält es sich nur noch einen Monat. Es ist daher sinnvoll, das Öl in Kapselform zu kaufen und diese einzeln aufzustechen.

VERWENDUNGSZWECK
Lindert Ekzeme und trockene oder beschädigte Haut. Wirksam auch bei schlechter Durchblutung und Schuppen.

Heilend
Nachtkerzenöl wird von den Indianern zur Wundheilung verwendet.

Avocado- und Nachtkerzenmischungen

Avocado-Nährmischungen

Avocadoöl ist sehr reichhaltig und enthält viele Vitamine. Die ätherischen Öle, die damit gemischt werden, müssen sehr intensiv sein, um den stark nussigen Duft zu überdecken. Die folgenden Mischung pflegen sehr trockene Haut.

BEHANDLUNG	ÖL	ANWENDUNGSMETHODE
Erdend und lindernd	3 Vetiver 7 Sandelholz in 20 ml (4 Teelöffel) Avocadoöl	Einen halben Teelöffel morgens und abends auf die betroffene Stelle auftragen.
Rissige Haut heilen	6 Weihrauch 4 Römische Kamille in 20 ml Avocadoöl	Einen halben Teelöffel morgens und abends auf die betroffene Stelle auftragen.
Für empfindliche Haut	2 Rose 2 Neroli in 20 ml Avocadoöl	Einen halben Teelöffel morgens und abends auf die betroffene Stelle auftragen.
Gleichgewicht der Haut erhalten	3 Geranie 7 Orange in 20 ml Avocadoöl	Einen halben Teelöffel morgens und abends auf die betroffene Stelle auftragen.
Heilung der Haut mit exotischem Duft	6 Palmarosa 4 Patchuli in 20 ml Avocadoöl	Einen halben Teelöffel morgens und abends auf die betroffene Stelle auftragen.

Nachtkerzenmischungen zur Heilung der Haut

Die Gammalinolensäure im Nachtkerzenöl ist sehr wichtig bei der Behandlung von Hautschäden wie Ekzemen oder Schuppenflechte. Da es relativ teuer ist, ist es am sinnvollsten, Kapseln mit je 1.000 IU Öl zu kaufen. Diese werden vor der Verwendung mit einer sterilen Nadel aufgestochen und in eine kleine Tasse ausgedrückt. Eine Kapsel ist zur Behandlung einer betroffenen Stelle ausreichend.

BEHANDLUNG	ÖL	ANWENDUNGSMETHODE
Ekzeme, bei Kindern zwischen drei und zehn Jahren	1 Römische Kamille pro Kapsel Nachtkerzenöl	Besonders abends auf die betroffene Stelle auftragen.
Ekzeme, bei Erwachsenen	1 Rose 1 Patchuli pro Kapsel Nachtkerzenöl	Besonders abends auf die betroffene Stelle auftragen.
Schuppenflechte, bei Kindern zwischen drei und zehn Jahren	1 Lavendel pro Kapsel Nachtkerzenöl	Besonders abends auf die betroffene Stelle auftragen.
Schuppenflechte, bei Erwachsenen	1 Römische Kamille 1 Sandelholz pro Kapsel Nachtkerzenöl	Besonders abends auf die betroffene Stelle auftragen.
Trockene, schuppige Haut	1 Neroli 1 Geranie pro Kapsel Nachtkerzenöl	Besonders abends auf die betroffene Stelle auftragen.

APRIKOSENKERN

Prunus armeniaca Die Aprikose stammt vermutlich aus China und Südostasien. Mittlerweile wird sie im gesamten Mittelmeerraum und in Teilen Mitteleuropas angebaut. Aprikosen sind eng verwandt mit Pfirsichen und Pflaumen. Sie können auch in kühleren Klimazonen auf nach Süden weisenden Feldern angebaut werden. Bei sehr kühlem Wetter tragen sie jedoch meist keine Früchte. Das Öl wird aus dem Kern extrahiert und ist beliebt bei der Gesichtsmassage.

Informationen

BOTANISCHER NAME
Prunus armeniaca

PFLANZENART
Kräftiger Baum mit weißen, rot angehauchten Blüten, die zu orangefarbenen Früchten reifen.

HERKUNFT DES ÖLS
Kerne. Sie ergeben bis zur Hälfte ihres Gewichts in Öl.

AUSSEHEN UND STRUKTUR
Sehr helles, leichtes Öl.

WIRKSTOFFE
Wichtige Fettsäuren

SICHERHEITSHINWEISE
Keine

HALTBARKEIT
6–9 Monate

VERWENDUNGSZWECK
Gesichtspflege für alle Hauttypen, auch fettige Haut, da es keinen Fettfilm hinterlässt.

Bäume
Aprikosen werden seit Heinrich VIII. auch in England angebaut.

106

TRAUBENKERN

Vitis vinifera Das Öl stammt aus den Weinregionen Frankreichs, wo es aus Traubenkernen extrahiert wird. Es ist ein beliebtes Massageöl, da es nicht fettig ist und auf der Haut ein angenehmes Gefühl und wenig Rückstände hinterlässt. Es ist als Alternative zu Mandelöl verwendbar. Das Öl ist vor allem für Haut geeignet, die keine zusätzlichen Nährstoffe benötigt.

Vielseitigkeit
Traubenkernöl ist für alle Hauttypen geeignet.

Informationen

BOTANISCHER NAME
Vitis vinifera

PFLANZENART
Weinstock

HERKUNFT DES ÖLS
Traubenkerne

AUSSEHEN UND STRUKTUR
Hellgrün. Es wird meistens raffiniert, da naturbelassenes Öl ungenießbar ist. Es ist sehr leicht und geruchlos.

WIRKSTOFFE
Mehrfach ungesättigte Fettsäuren

SICHERHEITSHINWEISE
Keine

HALTBARKEIT
6–9 Monate

VERWENDUNGSZWECK
Zur Massage bei allen Hauttypen.

Extraktion
Traubenkernöl wird aus den Traubenkernen extrahiert.

Aprikosen- und Traubenkernmischungen

Gesichtsbehandlungen mit Aprikosenkernöl

Durch seine leichte Struktur ist Aprikosenkernöl ideal für Gesichtsmassagen. Es wird sehr schnell aufgenommen. Hier finden Sie einige Mischungen zur besonderen Gesichtspflege. Auf den S. 124–209 erhalten Sie Tipps und Hinweise zu Massagetechniken.

BEHANDLUNG	ÖL	ANWENDUNGSMETHODE
Rasieröl für Männer, das wunde Haut beruhigt	4 Patchuli 6 Weihrauch in 20 ml (4 Teelöffel) Aprikosenkernöl	Jeden Tag einen halben Teelöffel in die Haut massieren.
Gesichtspflege für reife Haut	3 Rose 7 Sandelholz in 20 ml Aprikosenkernöl	Besonders abends einen halben Teelöffel in die Haut massieren.
Alternative Gesichtspflege für reife Haut	2 Jasmin 8 Orange in 20 ml Aprikosenkernöl	Besonders abends einen halben Teelöffel in die Haut massieren.
Gesichtspflege für empfindliche Haut	2 Römische Kamille 2 Palmarosa in 20 ml Aprikosenkernöl	Besonders abends einen halben Teelöffel in die Haut massieren.
Gesichtspflege für Teenager	4 Geranie 6 Zitrone in 20 ml Aprikosenkernöl	Besonders abends einen halben Teelöffel in die Haut massieren.

Ganzkörperbehandlungen mit Traubenkernöl

Die leichte, nicht fettende Struktur von Traubenkernöl macht es zu einem idealen Trägeröl bei Hauttypen, die bereits genug Feuchtigkeit enthalten. Es hinterlässt ein seidiges Gefühl ohne zu kleben. Auf den S. 104–209 erhalten Sie Tipps und Hinweise zu Massagetechniken.

DUFT	ÖL	ANWENDUNGSMETHODE
Exotische Mischung, blumig und zitronig	3 Ylang Ylang 8 Bergamotte in 20 ml (4 Teelöffel) Traubenkernöl	Den gesamten Körper damit massieren.
Orientalische Mischung, erdig und leicht holzig, sehr entspannend für Frauen und Männer	3 Patchuli 7 Sandelholz in 20 ml Traubenkernöl	Den gesamten Körper damit massieren.
Frische Mischung, nach Gras duftend, weich und beruhigend mit einem leichten Zitrusunterton	3 Muskatellasalbei 7 Petitgrain in 20 ml Traubenkernöl	Den gesamten Körper damit massieren.
Zitrusmischung, sehr fruchtig,	5 Mandarin 5 Orange in 20 ml Traubenkernöl	Den gesamten Körper damit massieren.
Würzige Mischung, erwärmt die Haut	3 Ingwer 7 Zitrone in 20 ml Traubenkernöl	Den gesamten Körper damit massieren.

SONNENBLUME

Helianthus annus Die Sonnenblume stammt ursprünglich
aus Mexiko und Peru und kann bis zu 3,5 m hoch werden.
Bei den Azteken war sie ein häufiges Dekorationsmotiv in den
Tempeln, da sie die Sonne anbeteten. Neben den Sonnenblumenkernen
können auch die Stängel verwendet werden, vor allem zur Papierherstellung.
Das Öl wird aus den reifen Kernen, die ca. 40 % Öl enthalten, extrahiert.

Sonnenanbetung
*Die Azteken schmückten
viele ihrer Tempel mit dem
Sonnenblumensymbol.*

Informationen

BOTANISCHER NAME
Helianthus annus

PFLANZENART
Hoch gewachsene Blume mit
großen runden Köpfen, welche die Kerne enthalten.

HERKUNFT DES ÖLS
Ausgepresste Kerne

AUSSEHEN UND STRUKTUR
Goldgelbe Farbe, leichte
Struktur.

WIRKSTOFFE
Hoher Vitamin-E-Gehalt,
mehrfach ungesättigte
Fettsäuren.

SICHERHEITSHINWEISE
Keine

HALTBARKEIT
6–9 Monate

VERWENDUNGSZWECK
Zur Massage für alle
Hauttypen, durch den hohen
Vitamin-E-Gehalt für reife Haut
besonders zu empfehlen.

WEIZENKEIM **Triticum durum** Weizen wird bereits

seit über 10.000 Jahren angebaut. Weizenkeimöl wurde in 2.000 Jahre alten ägyptischen Gräbern gefunden. Das Öl wird aus dem Keim der Pflanze, der viele Vitamine und Mineralien enthält, extrahiert. Es ist reich an Nährstoffen und eignet sich besonders zur Pflege von trockener oder reifer Haut. Das Öl ist ein natürlicher Konservierungsstoff für Aromatherapiemischungen, da das enthaltene Vitamin E ein natürliches Antioxidationsmittel ist.

Informationen

BOTANISCHER NAME
Triticum durum

PFLANZENART
Getreide

HERKUNFT DES ÖLS
Pflanzenkeim

AUSSEHEN UND STRUKTUR
Orange-braune Farbe, dickflüssig, bitterer Geruch. Es ist am besten zur Anreicherung von leichteren Ölen geeignet. Versuchen Sie es mit 20 % Weizenkeim- und 80 % Sonnenblumenöl.

WIRKSTOFFE
Hoher Vitamin-E-Gehalt, wichtige Fettsäuren.

SICHERHEITSHINWEISE
Keine

HALTBARKEIT
Bis zu einem Jahr

Extraktion
Das reichaltige Öl stammt aus dem Pflanzenkeim.

VERWENDUNGSZWECK
Zur Massage bei sehr trockener und reifer Haut, wirkt bei Ekzemen und Schuppenflechta.

Sonnenblumen- und Weizenkeimmischungen

Sonnenblumenmischungen für den Sommer

Sonnenblumenöl ist ein leichtes, vitaminreiches Trägeröl, das ein seidiges Gefühl auf der Haut hinterlässt. Verwenden Sie dieses Öl zur Hautpflege, wenn die Haut besonders stark den Elementen ausgesetzt ist, z. B. bei einem Strandurlaub.

DUFT	ÖL	ANWENDUNGSMETHODE
Kühlende Mischung, weich und leicht minzig	7 Römische Kamille 3 Pfefferminze in 20 ml (4 Teelöffel) Sonnenblumenöl	Einen halben Teelöffel auf die betroffene Stelle auftragen. Wirkt abends am besten.
Erfrischende Mischung, mit einem Hauch Kölnisch Wasser	5 Lavendel 5 Petitgrain in 20 ml Sonnenblumenöl	Einen halben Teelöffel auf die betroffene Stelle auftragen. Wirkt abends am besten.
Wohltuende Mischung, rosig und weich	6 Palmarosa 4 Geranie in 20 ml Sonnenblumenöl	Einen halben Teelöffel auf die betroffene Stelle auftragen. Wirkt abends am besten.
Beruhigende Mischung, vanillig und fruchtig	2 Benzoe 8 Orange in 20 ml Sonnenblumenöl	Einen halben Teelöffel auf die betroffene Stelle auftragen. Wirkt abends am besten.
Ausgleichende Mischung, krautig und frisch	4 Muskatellasalbei 6 Süßer Majoran in 20 ml Sonnenblumenöl	Einen halben Teelöffel auf die betroffene Stelle auftragen. Wirkt abends am besten.

Antioxidationsbehandlung für das Gesicht

Weizenkeimöl ist wegen seines hohen Vitamin-E-Gehalts als Antioxidationsmittel besonders wertvoll. Es belebt die Gesichtspartie und stellt die Hautspannung wieder her. Es hat einen recht starken, leicht bitteren Duft und ist sehr klebrig, wenn man es allein benutzt. Mischen Sie es daher mit einem anderen Öl, z. B. im Verhältnis 5 ml Weizenkeim- zu 15 ml Aprikosenkernöl. Auf den S. 124–209 finden Sie Tipps und Hinweise zu Massagetechniken.

BEHANDLUNG	ÖL	ANWENDUNGSMETHODE
Für trockene Haut, blumig und stimmungshebend, verwendet Öle, die zur Stärkung der Haut geeignet sind	3 Neroli 7 Weihrauch in einer Trägerölmischung (siehe oben)	Besonders abends einen halben Teelöffel ins Gesicht massieren.
Für reife Haut, mit einem holzig-blumigen Duft, nahrhaft für die Haut	3 Rose 7 Sandelholz in einer Trägerölmischung	Besonders abends einen halben Teelöffel ins Gesicht massieren.
Für Mischhaut, mit einem blumigen, beruhigenden Duft, stellt das Gleichgewicht der Haut wieder her	4 Geranie 6 Zitrone in einer Trägerölmischung	Besonders abends einen halben Teelöffel ins Gesicht massieren.
Für fettige Haut, verleiht Spannkraft und fördert die natürliche Hautreinigung	3 Wacholder 7 Zypresse in einer Trägerölmischung	Besonders abends einen halben Teelöffel ins Gesicht massieren.
Für empfindliche Haut, leichter, holziger Duft, sehr sanft	2 Patchuli 2 Lavendel in einer Trägerölmischung	Besonders abends einen halben Teelöffel ins Gesicht massieren.

BASISCREME

Durch eine Creme gelangen ätherische Öle effektiv an eine bestimmte Stelle. Sie ist sehr nahrhaft für die Haut, ohne Rückstände zu hinterlassen. Eine Basiscreme besteht aus Pflanzenölen, die mit Rosenwasser gemischt und zur Stabilisierung mit Bienenwachs emulgiert werden. Sie können auch geruchlose Cremes auf Pflanzenbasis kaufen.

1 *Geben Sie Bienenwachs und Mandelöl in eine Glasschüssel. Erhitzen Sie diese im Wasserbad unter leichtem Rühren, bis die Mischung durchsichtig wird und 60° C erreicht. Gießen Sie gleichzeitig das Rosenwasser in die andere Schüssel und erhitzen Sie es im Wasserbad ebenfalls auf 60° C.*

2 *Nehmen Sie beide Topfe vom Herd und geben Sie das Rosenwasser tröpfchenweise unter ständigem Rühren in die Ölmischung.*

3 *Ist beides gut vermischt, fügen Sie bis zu 30 Tropfen ätherische Öle dazu. Geben Sie die Creme in das Glas und stellen Sie es in den Kühlschrank. Die Creme ist ca. drei Wochen haltbar.*

Herstellung einer Creme

Ergibt ca. 60 g:

10 g Bienenwachs

20 ml (4 Teelöffel) Mandelöl

20 ml Rosenwasser

Weiterhin benötigen Sie zwei Töpfe, zwei hitzebeständige Glasschüsseln (für das Wasserbad), einen Schneebesen, ein Lebensmittelthermometer und ein braunes Glas mit Schraubverschluss, das 60 g fasst. Dieses erhalten Sie z. B. in der Apotheke.

Töpfe

Dunkles Glas

BASISLOTION

Die Lotion ist eine flüssigere Version der Creme und hat eine milchige Konsistenz. Sie ist leichter, aber immer noch nahrhaft und macht die Haut weich. Sie können auch geruchlose Lotion oder Creme kaufen. Achten Sie jedoch immer darauf, dass sie aus rein pflanzlichen Inhaltsstoffen besteht.

Herstellung einer Lotion

Ergibt ca. 60 g:

10 g Bienenwachs

20 ml (4 Teelöffel) Jojobaöl

30 ml Rosenwasser

Weiterhin benötigen Sie zwei Töpfe, zwei hitzebeständige Glasschüsseln (für das Wasserbad), einen Schneebesen, ein Lebensmittelthermometer und eine braune Glasflasche, die 100 ml fasst. Diese erhalten Sie z. B. in der Apotheke.

1 *Erhitzen Sie Bienenwachs und Jojobaöl im Wasserbad, bis sie sich verbinden und 60° C erreichen. Erhitzen Sie gleichzeitig die Rosenwasser ebenfalls auf 60° C.*

2 *Nehmen Sie beide Töpfe vom Herd und geben Sie das Rosenwasser tröpfchenweise unter ständigem Rühren in die Ölmischung.*

3 *Fügen Sie bis zu 30 Tropfen ätherische Öle hinzu. Rühren Sie die Mischung um, füllen Sie sie in die Flasche und stellen Sie diese in den Kühlschrank. Die Lotion ist ca. drei Wochen haltbar.*

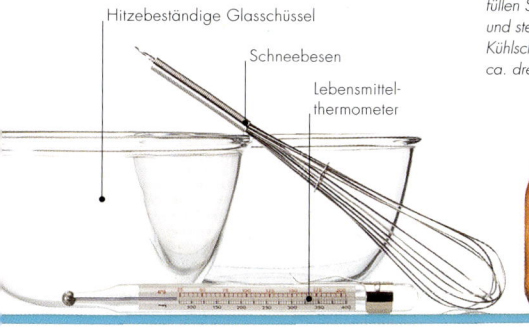

Hitzebeständige Glasschüssel

Schneebesen

Lebensmittelthermometer

Braune Glasflasche

Mischungen mit Basiscreme und -lotion

Basiscreme-Mischungen

Durch den hohen Fettgehalt lässt sich Creme sehr gezielt auf einen bestimmten Bereich auftragen. Sie ist gut zur allgemeinen Hautpflege geeignet. Geben Sie die abgemessene Creme in ein Töpfchen, fügen Sie die gewünschten Öle dazu und rühren Sie die Mischung gut um.

ERGEBNIS	ÖL	ANWENDUNGSMETHODE
Erste-Hilfe-Creme, sollte sich immer im Medizinschrank befinden	5 Lavendel 5 Teebaum in 20 g Basiscreme	Nach Bedarf auftragen.
Heilcreme für die Haut, z. B. bei tiefen Schnittwunden und Abschürfungen	5 Römische Kamille in 20 g Basiscreme	Nach Bedarf auftragen.
Hervorragende Handcreme, zur allgemeinen Handpflege	3 Neroli 7 Geranie in 20 g Basiscreme	Hände nach Bedarf damit eincremen, besonders aber nach dem Waschen.
Fußpflegecreme für schmerzende, kalte Füße	4 Pfefferminze 6 Schwarzer Pfeffer in 20 g Basiscreme	Nach Bedarf auftragen.
Nagelpflegecreme für brüchige, rissige Nägel	4 Rose 6 Atlas-Zeder in 20 g Basiscreme	Auf die betroffenen Stellen auftragen.

Basislotion-Mischungen

Die Basislotion kann als Alternative zu Trägeröl verwendet werden. Das ist besonders bei der Gesichtspflege angebracht, wenn fettige Rückstände nicht erwünscht sind. Geben Sie die Lotion in ein Töpfchen oder Fläschchen, fügen Sie die Öle hinzu und schütteln Sie es gut.

BEHANDLUNG	ÖL	ANWENDUNGSMETHODE
Für Mischhaut, stellt das natürliche Gleichgewicht wieder her	4 Neroli 6 Geranie in 20 ml (4 Teelöffel) Basislotion	In die Haut massieren.
Für fettige Haut, verleiht Spannkraft und beruhigt	6 Lavendel 4 Zitrone in 20 ml Basislotion	In die Haut massieren.
Für Aknehaut, wirkt gegen entzündete Pickel	3 Wacholder 7 Teebaum in 20 ml Basislotion	Auf die betroffenen Stellen auftragen.
Für Aknehaut, bei der die Haut trockene Stellen hat	4 Geranie 6 Lavendel in 20 ml Basislotion	Auf die betroffenen Stellen auftragen.
Nach der Rasur, beruhigt die Haut im Gesicht und an den Beinen	5 Sandelholz 5 Patchuli in 20 ml Basislotion	In die betroffenen Stellen massieren.

PRAKTISCHE
AROMATHERAPIE

In diesem Kapitel finden Sie Erläuterungen zu einem Besuch bei einem professionellen Therapeuten. Weiterhin werden Sie durch eine komplette Aromatherapiebehandlung für daheim geführt. Sie lernen Schritt für Schritt die Massagetechniken für Rücken, Beine, Füße, Arme, Hände, Bauch, Nacken, Schultern und Gesicht. Viele ätherische Öle und Mischungen haben Sie bereits kennen gelernt. Nun brauchen Sie nur noch eine freiwillige Testperson. ✑

Ganz allgemein sollten Sie mit den einfachen Dingen beginnen – ein schmerzender Rücken oder eine steife Schulter sind z. B. gute Ausgangspunkte. Als Anfänger sollten Sie sich an die hier vorgegebenen Techniken halten und vor allem in schmerzhaften Bereichen sehr vorsichtig vorgehen. Aromatherapiebehandlungen für Verwandte und Freunde machen viel Spaß und sind zudem sehr erfüllend.

Potpourri

Rosenblätter

Handtuch und
Flasche mit Öl

T-Shirt

Lavendel

Besuch beim Therapeuten: Eine typische Sitzung

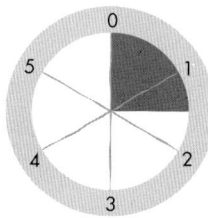

Behandlung
Eine Behandlung dauert oft 90 Minuten.

Obwohl die Selbstbehandlung durchaus angenehm ist, stellt sie keinen Ersatz für einen Besuch bei einem ausgebildeten Therapeuten dar. Nachfolgend erfahren Sie, was Sie von einer Sitzung bei einem Profi, der sich auskennt und genau auf Ihren Bedarf abgestimmte Mischungen herstellt, erwarten können. Es ist immer sinnvoll, den Therapeuten über seine Ausbildung zu befragen. Lassen Sie sich erzählen, wie lange er schon in diesem Beruf arbeitet und ob er Mitglied in einem Verband ist.

Beratung

Bevor sich Ihr Therapeut auf eine spezielle Ölmischung für Sie festlegt, wird er Sie über Ihre Krankheitsgeschichte, momentane Beschwerden, Allergien und sonstige Zustände, z. B. über eine mögliche Schwangerschaft, befragen. Auch emotionale Probleme sind dabei von Interesse. Durch diese detaillierten Informationen kann er mit Ihnen zusammen das Ziel der Behandlung festlegen. Anschließend wird er drei oder vier ätherische Öle auswählen, die bei Ihren physischen oder emotionalen Problemen wirksam sind. Es ist sehr wichtig, dass der Therapeut Sie vorher an den Ölen riechen lässt, da Sie sich wesentlich besser entspannen können, wenn der Duft Ihnen zusagt.

Behandlung

Man wird Sie nun bitten, sich auszuziehen und sich in ein Handtuch zu wickeln. Dieses Handtuch tragen Sie die ganze Zeit, um warm zu bleiben.

Nur die Stelle, an der gerade gearbeitet wird, wird enthüllt. Der Therapeut wird Ihnen sagen, in welcher Reihenfolge Sie massiert werden. Die Ölmischungen wurden bereits vorbereitet. Wenn Sie sich zu irgendeinem Zeitpunkt während der Behandlung unwohl fühlen, müssen Sie das Ihrem Therapeuten unbedingt mitteilen. Normalerweise werden Sie aber sehr entspannt sein und es genießen.

Nach Ende der Behandlung sollten Sie sich noch einen Moment ausruhen, bevor Sie sich wieder anziehen. Die Aromatherapie ist ganzheitlich und wirkt auf vielen verschiedenen Ebenen. Einige Veränderungen werden Sie sofort spüren, andere dauern etwas länger – vor allem, wenn Sie an einer chronischen Krankheit leiden.

Wichtige ätherische Öle

Mandarine ist zum Abbau von Stress sehr beliebt – wie alle anderen Zitrusöle auch.

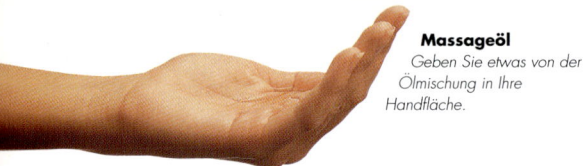

Massageöl

Geben Sie etwas von der Ölmischung in Ihre Handfläche.

RÜCKENMASSAGE: EFFLEURAGE

Der Rücken ist eine gute Arbeitsfläche, ganz besonders für Massageanfänger. Auf der großen Hautfläche, die schnell auf Berührungen reagiert, können Massagetechniken sehr gut eingeübt werden. Die Effleurage – der erste Schritt der Rückenmassage – besteht aus sanftem, beruhigendem Streichen mit der ganzen Hand des Masseurs.

1 *Gleiten Sie vom unteren Rücken nach oben, eine Hand an jeder Seite der Wirbelsäule. Streichen Sie über die Schultern und gleiten Sie mit den Händen an den Seiten wieder nach unten. Wiederholen Sie dies mindestens sechsmal. Entwickeln Sie einen Arbeitsrhythmus.*

2 *Beginnen Sie am unteren Rücken, die Handballen seitlich der Wirbelsäule, die Finger zeigen zu den Seiten. Beschreiben Sie mit den Händen einen kleinen Kreis. Wiederholen Sie diese Bewegung je dreimal auf dem unteren und mittleren Rücken sowie auf den Schultern.*

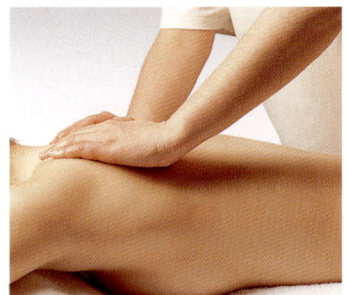

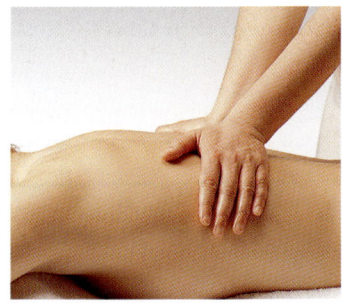

Anwärmen

Der Druck bei diesen Bewegungen sollte sanft, aber bestimmt sein, da dies den Rücken für die kommende Tiefenmassage anwärmt und entspannt. Beginnen Sie jede Massagesitzung immer auf diese Weise, da sie sonst sehr schnell unangenehm oder sogar schmerzhaft wird.

3 *Beschreiben Sie mit beiden Händen, beginnend an der linken unteren Rückenseite, eine lang gezogene Acht bis nach oben über die Schultern und dann über die rechte Seite wieder nach unten.*

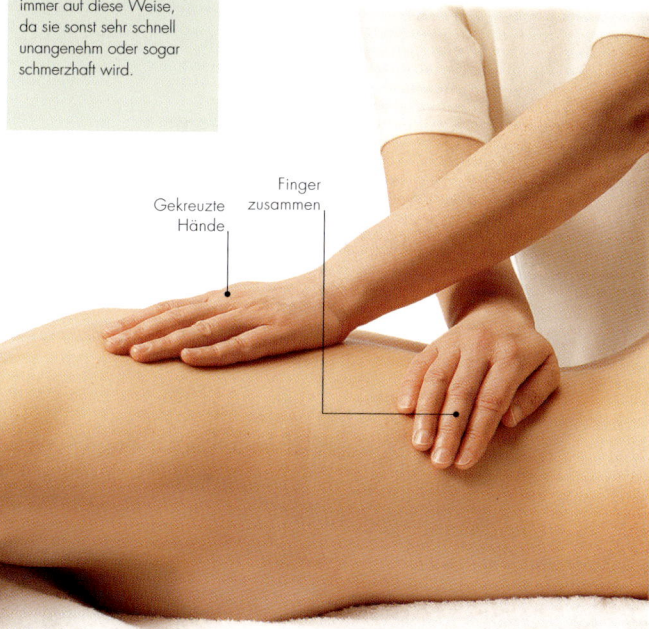

Gekreuzte
Hände

Finger
zusammen

Rückenmassage: Eine wichtige Behandlung

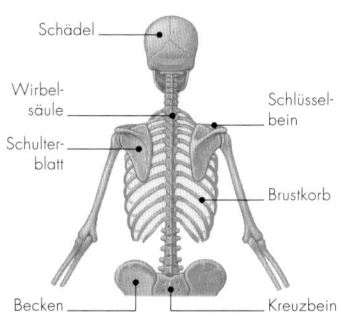

Schädel

Wirbel-
säule

Schulter-
blatt

Schlüssel-
bein

Brustkorb

Becken

Kreuzbein

Rückgrat
Der Rücken ist komplex aufgebaut.

Der Rücken ist komplex aufgebaut. Er ist lebenswichtig für unseren aufrechten Gang. Von der Wirbelsäule aus verbinden Nerven den Rücken mit jedem Teil des Körpers. Eine schlechte Haltung, falsches Sitzen, sogar die falschen Schuhe haben Auswirkungen auf den Zustand des Rückens. Jeder Wirbel bildet ein Gegengewicht zu den anderen Wirbeln. Dieses erlaubt uns einen großen Bewegungsspielraum. Durch ein falsch angehobenes Gewicht oder durch langes Verharren in verkrampften Stellungen (z. B. bei Gartenarbeit) kann der Rücken jedoch geschädigt werden.

Muskelmassage

Muskeln sind mit dem Knochengerüst verbunden und Muskelschmerzen sind oft erste Anzeichen für Probleme. Eine Massage lindert Schmerzen, löst Verspannungen und stellt die Bewegungsfreiheit wieder her. Falls die Schmerzen zurückkehren, kann ein Problem an den Knochen vorliegen, das von einem Chiropraktiker behandelt werden sollte.

Ätherische Öle für den Rücken

Den Mischungen werden ätherische Öle gegen Schmerzen beigefügt. Sie erwärmen die Muskeln und verstärken die Durchblutung. Sie sorgen auch für den Abtransport von Giftstoffen aus den Muskelfasern. Besonders wirksam sind Ingwer, Zitronengras und Rosmarin. Sie alle haben einen intensiven Duft und beleben die Muskeln. Nach einer Massage mit diesen Ölen kribbelt der Rücken und ist voller Energie. Bei einer abendlichen Massage sollte man Öle wählen, die einen entspannenden Duft haben, trotzdem aber Muskelverspannungen lösen. Vetiver, Lavendel oder Süßer Majoran sind hier sehr nützlich. Ihr Duft ist sehr beruhigend, sie wirken erwärmend und lindern Schmerzen.

Es ist wichtig, jede Massage mit langem, fließenden Streichen zu beginnen, um die Muskeln vor der Tiefenmassage anzuwärmen. Das wirkt beruhigend, löst Verspannungen und wärmt Ihre Hände an. Schon diese einfachen Streichungen können einen Menschen beruhigen, der unter Stress und Sorgen leidet.

Wichtige ätherische Öle

Vetiver hat eine tiefenwärmende Wirkung bei verspannten Muskeln.

RÜCKENMASSAGE: KNETEN

Wir gehen jetzt zu einer Reihe von tieferen Griffen über, bei denen die Hände große Muskelflächen kneten. Die Bewegung ähnelt ein bisschen dem Kneten eines Teiges: eine Hand folgt der anderen und drückt die Muskeln, um Spannungen aus dem Gewebe zu lösen. Die richtige Knettechnik braucht einige Übung. Am besten probieren Sie die Bewegungen zuerst an einem Kissen aus. Versichern Sie sich bei dem Massierten, dass Sie ihn nicht kneifen, was recht unangenehm sein kann. Langsames Kneten ist sehr entspannend, während schnellere Arbeit belebend wirkt.

1 *Greifen und kneten Sie die großen Muskeln (Trapezmuskeln) auf beiden Schultern. Sie können dies mit einer Hand auf jeder Seite oder beiden Händen auf einer Seite durchführen. Kneten Sie die Muskeln einige Minuten.*

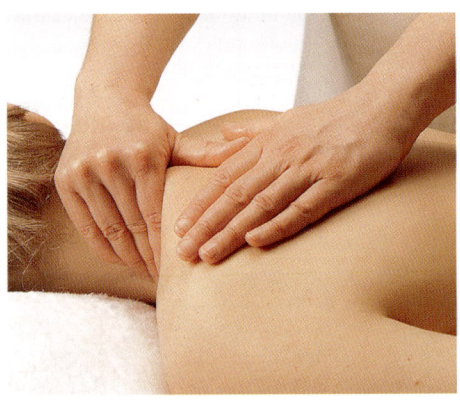

2 *Arbeiten Sie sich die ganze Seite mit festen, nicht kitzelnden Bewegungen hinunter. Gehen Sie zur anderen Seite über und arbeiten Sie sich wieder hoch zur Schulter. Zweimal wiederholen.*

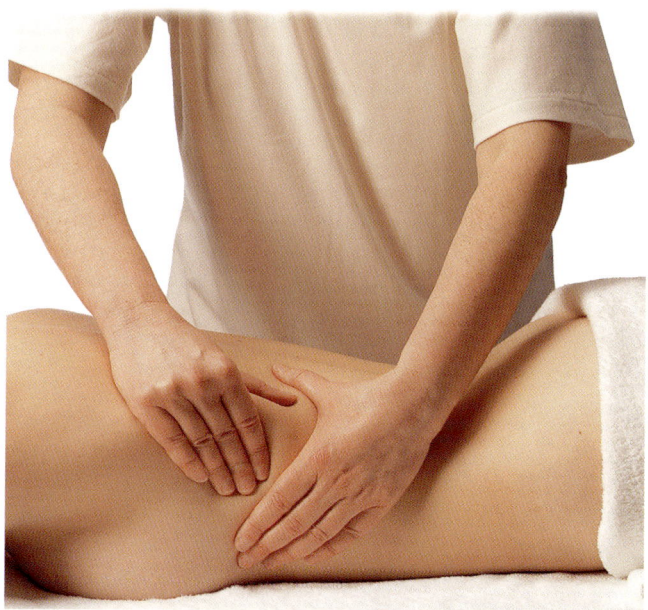

Den Rücken lesen

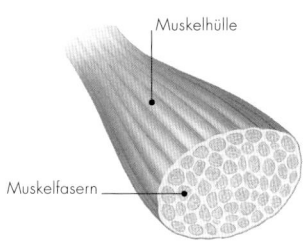

Muskelhülle

Muskelfasern

Fasern
*Einzelne Muskelfasern
sind in der Muskelhülle
zu Bündeln angeordnet.*

B ei der Rückenmassage arbeiten Sie am weichen Gewebe, den Muskeln unter der Haut. Muskeln bestehen aus einzelnen Fasern. Ziehen sie sich zusammen, so verbrauchen sie Sauerstoff und Glukose, um Energie zu liefern. Sie sondern auch Abfallstoffe, etwa Milchsäure und Kohlendioxid, ab. Normalerweise werden diese von Blut und Lymphe abtransportiert. Sammeln sie sich im Gewebe an, führt das zu Steifheit und Schmerzen. Die Massage fördert die Blutzufuhr und verbessert so den Abtransport der Abfallstoffe.

Probleme erkennen

Während Sie den Rücken massieren, werden Sie einige Dinge bemerken: Bereiche mit kalter Haut sind schlecht durchblutet und müssen vorsichtig bearbeitet werden, um das Gewebe aufzuwärmen. Ätherische Öle wie Schwarzer Pfeffer sind hier hilfreich.

In Bereichen, die sich steif anfühlen und sich nur schwer bewegen lassen, kann eine Ansammlung von Abfallstoffen vorliegen. Es kann sich auch um ein längerfristiges Problem wie eine Verletzung oder Arthritis handeln. Klären Sie den Grund mit dem Massierten. Im Allgemeinen sollten Sie in solchen Bereichen sehr vorsichtig vorgehen. Wenn Sie sich nicht sicher sind, lassen Sie diese Bereiche aus.

Kleine Körner im Muskelgewebe weisen auf Ablagerung von Milchsäure hin. Während Sie mit Kneten oder Druck (siehe S. 130–131) arbeiten, werden Sie spüren, wie Sie die Körner allmählich wegmassieren. Versichern Sie sich stets, dass der Druck nicht unangenehm ist.

Zweifel?

Wenn Sie während der Massage ungewöhnlichen Knoten spüren, sollten
Sie diese in Ruhe lassen und den
Massierten an seinen Arzt verweisen.
Grundsätzlich ist die Massage sehr
gesundheitsfördernd. Es zahlt sich
aber immer aus, während der Arbeit
vorsichtig zu sein, aufmerksam zu
beobachten und zu spüren, wie der
Körper reagiert.

Massage vermeiden

Wenn sich der Massierte nicht wohl
fühlt, sollten Sie von einer Massage
absehen. Falls er unter hohem Blutdruck,
Krampfadern oder Arthritis leidet, sollte
die Massage sehr sanft sein. Bevor er
sich weiteren Behandlungen dieser Art
unterzieht, sollte der Massierte sich von
einem Arzt oder einem professionellen
Therapeuten beraten lassen.

Wichtige ätherische Öle

Wacholder ist ein starkes „Reinigungsmittel"
und hilft bei der Entgiftung der Gewebe.

RÜCKENMASSAGE: DRUCK

Bei dieser speziellen Massagetechnik wird der Druck hauptsächlich durch die Daumen ausgeübt. Dabei legen Sie Ihr gesamtes Körpergewicht in die Bewegung hinein. Steigern Sie den Druck langsam, da sich Ihre Daumen erst daran gewöhnen müssen und stellen Sie sicher, dass der Druck für den Massierten nicht zu stark ist. Wenn der Bereich sehr steif ist, ist ein wenig Schmerz nicht vermeidbar, aber er sollte nicht unerträglich werden. Streichen Sie anschließend den Bereich aus, um den Druck wieder zu lösen.

1 *Drehen Sie vorsichtig den Arm des Massierten so auf seinen Rücken, dass es noch angenehm für ihn ist. Sie können jetzt am Schulterblatt arbeiten.*

2 *Stützen Sie die Schulter mit einer Hand von unten. Drücken Sie mit dem Daumen der anderen Hand ein Dreieck rund um das Schulterblatt. Wiederholen Sie dies mit dem anderen Arm. Diese Bewegung hilft sehr bei steifen Schultern.*

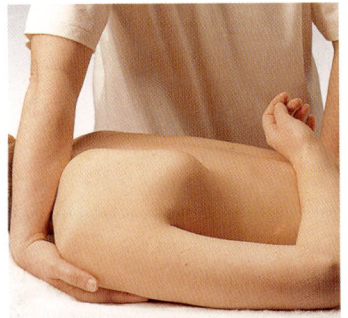
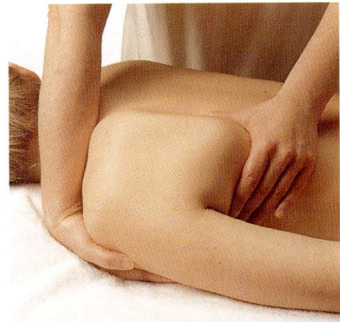

3 *Legen Sie die Daumen seitlich an die Wirbelsäule und üben Sie jeweils ca. 10 Sekunden lang Druck aus. Arbeiten Sie sich so bis zu den Schultern hoch. Wiederholen Sie dieses zweimal.*

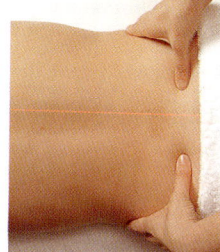

4 *Am unteren Ende der Wirbelsäule ist ein großer knochiger Bereich – das Kreuzbein. Arbeiten Sie sich mit sanftem Druck von den äußeren Rändern bis zum Steißbein vor.*

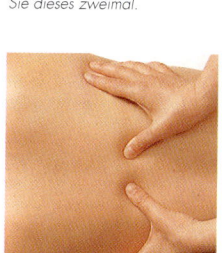

6 *Halten Sie Ihre hohlen Hände über das Ende der Wirbelsäule, bis Sie merken, dass sich Wärme sammelt. Heben Sie die Hände langsam an. Der Massierte hat nun das Gefühl zu schweben.*

5 *Wiederholen Sie die Folge mit mehr Druck. Entwickeln Sie einen Rhythmus und wiederholen Sie alles mehrfach. Ihre Hände werden sehr warm.*

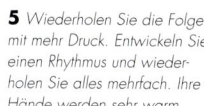

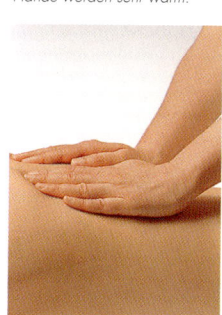

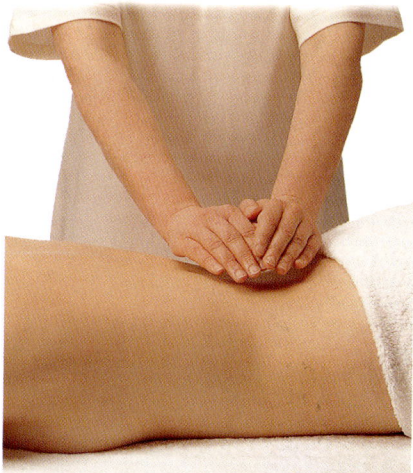

Druck: Anwendung

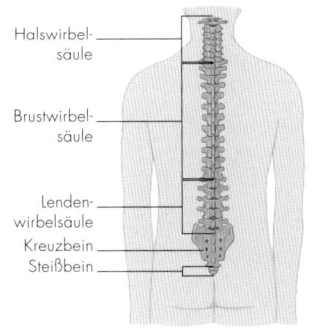

Halswirbel-
säule

Brustwirbel-
säule

Lenden-
wirbelsäule

Kreuzbein

Steißbein

Abschnitte
*Das Rückgrat ist in fünf
Bereiche unterteilt.*

Fernöstliche Kulturen wie die japanische oder chinesische haben eine lange Tradition in der Fingerdruckmassage. In Japan nennt man sie *Shiatsu*. Dabei wird auf bestimmte Bereiche Druck ausgeübt, um den Fluss des *Chi* in den Kanälen (Meridiane) zu fördern und zu regulieren. Dieses wiederum löst einen Heilungsprozess in verschiedenen Teilen des Körpers aus, lindert Schmerzen und gibt Energie. Um Shiatsu wirklich zu beherrschen, bedarf es jahrelanger Übung. Einige der Druckpunkte sind aber auch für den alltäglichen Gebrauch leicht zu erreichen.

Shiatsu für jedermann
Die Druckpunkte entlang der Wirbelsäule sind besonders interessant, da sie mit allen wichtigen Systemen im Körper in Verbindung stehen. Am oberen Rückgrat sind sie zuständig für Beschwerden mit der Lunge, am mittleren Rücken für Verdauungsstörungen und am unteren Rücken für die Fortpflanzungsorgane und die Ausscheidung von Abfallstoffen. Sie müssen den Druck sanft steigern, bis es für den Massierten gerade noch erträglich ist. Wenn Sie diesen Punkt erreichen, halten Sie den Druck fünf Sekunden lang aufrecht. Danach können Sie den Bereich sanft und kreisförmig ausstreichen.

Druckpunkte einbeziehen

Bei der Aromatherapiemassage ist es
sinnvoll, die Arbeit an den Druckpunkten einzubeziehen. Sie steigert die
Wirkung, da Sie damit Schmerzen
lindern und an ganz bestimmten Bereichen des Körpers arbeiten können. Ist
ein Druckpunkt besonders schmerzhaft,
geben Sie einen Tropfen Lavendelöl
darauf und wiederholen Sie den Druck.
Der gesamte Bereich muss durch Streichungen angewärmt werden. Dann
lösen Sie Verspannungen durch Kneten.
Erst jetzt können Sie mit der Druckarbeit
beginnen, da sich der Massierte sonst
verspannt und es für Sie beide eine
unangenehme Erfahrung wird.

An die Reihenfolge denken

Aufwärmen, kneten, Druckarbeit, sanftes
Ausstreichen – das ist die Reihenfolge,
die Sie bei einer Massage immer
beachten sollten. Eine gute Rückenmassage ist eine wundervolle Behandlung,
die tiefe Entspannung bringt.

FUSSMASSAGE: DEHNUNG

Es heißt, dass uns die Füße im Laufe eines Lebens zum Mond und zurück tragen, aber kaum jemand zollt ihnen für die ganze Arbeit Respekt. Eine Fußmassage ist eine perfekte Methode, um den Füßen die verdiente Aufmerksamkeit zu widmen. Im ersten Teil der Massage wird an den Füßen gearbeitet, um Verspannungen zu lösen sowie zum Anwärmen und Dehnen. Kalte Füße sind oft ein Zeichen schlechter Durchblutung. Wenn der Massierte darunter leidet, reiben Sie die Füße vor Massagebeginn kräftig. Wenn Sie die hier gezeigten Bewegungen schneller ausführen, führt das ebenfalls zu einer Erwärmung.

1 *Halten Sie beide Füße unter den Knöcheln mit einem sanften, aber festen Griff. Bitten Sie den Massierten, einige Male tief durchzuatmen.*

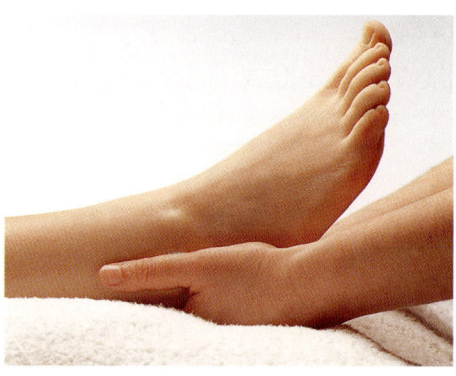

2 *Beginnen Sie mit dem rechten Fuß. Legen Sie
ein Hand oben, eine Hand unten auf den Fuß
und gleiten Sie von den Zehen zum Knöchel und
zurück. Mindestens sechsmal wiederholen.*

3 *Stützen Sie den Fuß von unten
mit einer Hand. Mit dem Ballen
der anderen Hand üben Sie
mehrmals Druck über den
ganzen Spann aus.*

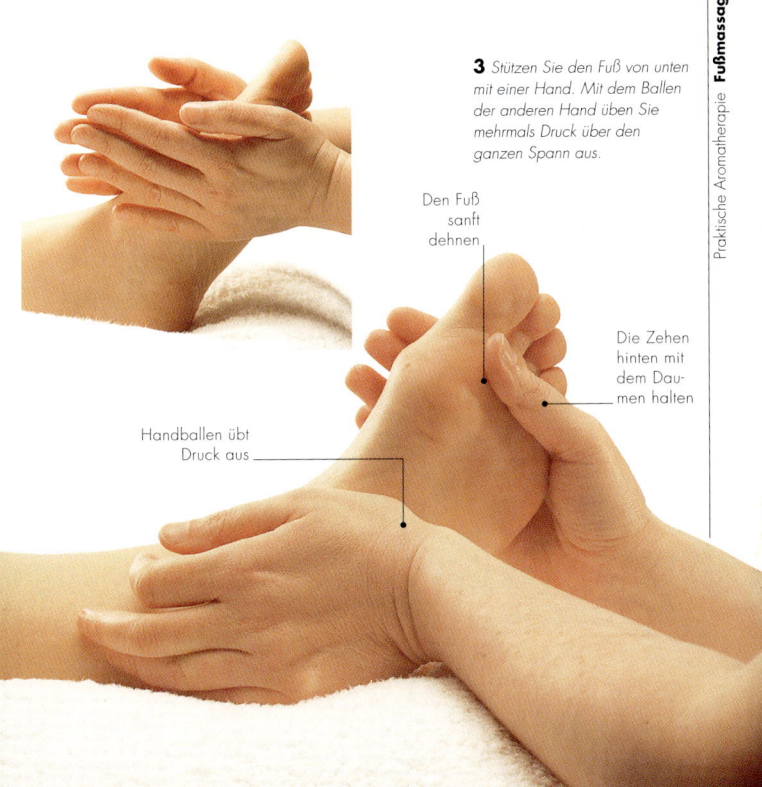

Den Fuß
sanft
dehnen

Die Zehen
hinten mit
dem Dau-
men halten

Handballen übt
Druck aus

Die Ausübung und Vorteile der Fußmassage

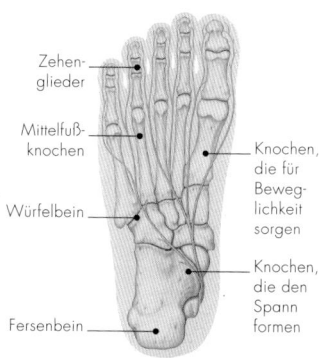

Zehen-
glieder

Mittelfuß-
knochen

Würfelbein

Fersenbein

Knochen,
die für
Beweg-
lichkeit
sorgen

Knochen,
die den
Spann
formen

Aufbau des Fußes
*Der Fuß ist einer der
kompliziertesten Körperteile.*

D er Aufbau der Füße ist faszinie-
rend. Sie enthalten ca. ein
Viertel aller Knochen, die ein
Mensch besitzt. Knochen, Muskeln und
Sehnen bilden zusammen ein Meister-
werk der Evolution, welches das gesamte Körpergewicht trägt. Die Füße schei-
den Abfallstoffe in Form von Schweiß
aus. Starker Fußgeruch kann daher

sowohl ein Zeichen einer Ansammlung
von Giftstoffen als auch mangelnder
Hygiene sein.

Sauber anfangen
Vor der Massage sollten die Füße in
einem Fußbad gereinigt werden. Dieses
verbessert auch die Aufnahme von
ätherischen Ölen durch die in diesem
Bereich dickere Haut. Feuchte Haut
absorbiert Pflegemittel wesentlich
besser als trockene.

Fußpflege gleich Körperpflege
In den Füßen enden unzählige Nerven,
die sie mit dem gesamten Körper
verbinden. Aus diesem Grund ist eine
Fußmassage sehr förderlich. Wenn Sie
die Füße massieren, pflegen Sie gleichzeitig den ganzen Körper. Die Reflex-
zonenmassage beruht auf diesem
Prinzip. Atherische Öle sind hier sehr
wirksam. Verwenden Sie z. B. Rosmarin
zur Förderung der Durchblutung oder
Neroli, um mentalen Stress abzubauen.

Die Fußmassage ist sowohl physisch als auch psychisch wertvoll. Die Füße sind unsere Verbindung zur Erde. Kalte, taube Füße können ein Zeichen dafür sein, dass wir den Kontakt zu unseren Wurzeln verloren haben. In dieser Situation ist eine Massage mit Vetiveröl sehr nützlich. Es duftet stark erdig und wirkt erwärmend. Halten Sie den Fuß nach dem Ende der Massage einen Moment fest, das wirkt sehr beruhigend.

Empfindlichkeit

Ein Wort zum Kitzeln: Sie müssen alle Bewegungen mit sanftem, aber beständigem Druck ausführen und den Fuß dabei gut festhalten. Streichungen mit dem Handballen geben Vertrauen in Ihre Massage und wirken gegen Überempfindlichkeit.

Wichtige ätherische Öle

Pfefferminzöl ist eine wunderbare Kühlung für müde Füße.

FUSSMASSAGE: OBERSEITE Nachdem

die Füße gedehnt wurden, beginnen wir die Arbeit am oberen Teil des Fußes. Hier verlaufen die Sehnen und Bänder über den Knochen. Ihre Bewegungen sollten präzise sein, aber Sie dürfen nicht allzu großen Druck ausüben, da dieser für den Massierten unangenehm sein kann. Beenden Sie die Fußmassage mit weiteren Streichungen von oben und unten (siehe S. 135), bevor Sie mit dem anderen Fuß beginnen.

1 *Verschränken Sie die Finger über dem Fuß, legen Sie die Daumen auf der Sohle in Höhe des mittleren Zehs hintereinander. Arbeiten Sie sich mit sanftem Druck in einer geraden Linie bis nach unten vor. Zweimal wiederholen.*

2 *Kneten Sie jeden Zeh einzeln zwischen Ihren Fingern und ziehen Sie sanft daran, um ihn zu dehnen.*

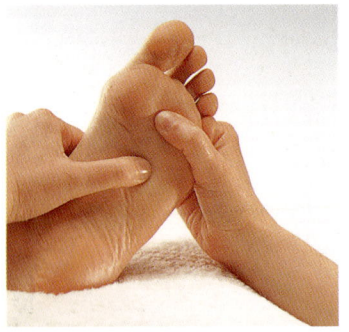

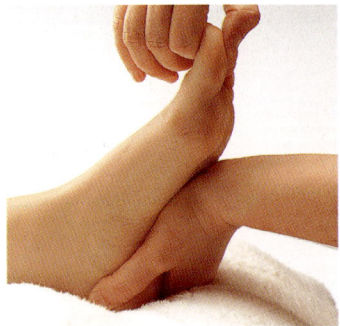

3 *Auf dem Fuß können Sie die Vertiefungen zwischen den Sehnen genau sehen. Verfolgen Sie unter sanftem Druck mit den Daumen die vier Linien von den Zehen bis zur Hälfte des Fußes.*

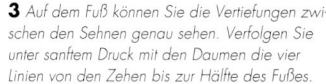

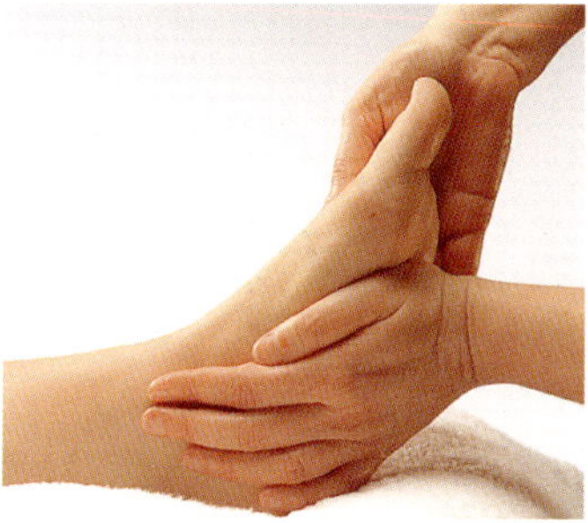

4 *Beschreiben Sie mit beiden Händen kleine Kreise um die Knöchel. Dieses leitet Wassereinlagerungen ab und ist sehr entspannend.*

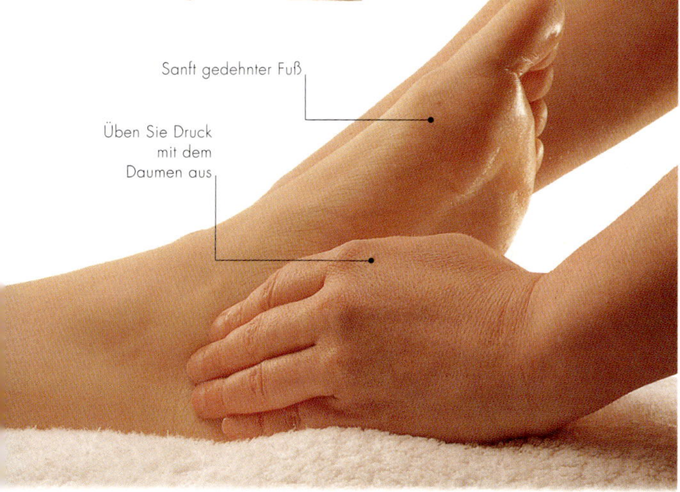

Sanft gedehnter Fuß

Üben Sie Druck mit dem Daumen aus

Fallbeschreibung: Schlechte Durchblutung

Lebensstil
Janet muss neben der Behandlung ihren Lebensstil überdenken.

Beratung

Janet leidet unter sehr kalten Füßen. Da es mitten im Sommer ist, gibt es keinen unmittelbaren Zusammenhang zum Wetter. Sie ist überrascht, dass sie zu dieser Jahreszeit noch immer Probleme hat. Janet leidet unter niedrigem Blutdruck, der prinzipiell mit kalten Gliedmaßen in Verbindung gebracht wird. Sie fühlt sich oft lethargisch und abgespannt. Für ihren anstehenden Urlaub möchte sie mehr Energie haben. Fragen über ihren Tagesablauf ergeben, dass sie nur am Schreibtisch sitzt. Nachdem sie abends Mann und zwei Kinder versorgt hat, bleibt kaum Zeit für Sport.

Behandlung

Als Therapeut erkläre ich ihr, dass wir durch Massagen mit ätherischen Öle die Durchblutung verbessern können. Sie müsse sich aber Gedanken über eine langfristige Änderung ihrer Situation machen. Ich wähle eine frische, warme, anregende Mischung aus zwei Tropfen Zitronengras-, fünf Tropfen Schwarzem Pfeffer- und drei Tropfen Ingweröl in 20 ml Mandelöl. Dieses verwende ich zur Ganzkörpermassage, wobei ich ihren Beinen und Füßen durch Kneten und Druckpunktarbeit besondere Aufmerksamkeit schenke. Ein Heizkissen hält die Füße während der Sitzung warm. Sie entspannt sich vollkommen und schläft beinahe ein.

Selbsthilfe

Ich stelle weitere 40 ml der Mischung
her und schlage ihr eine morgendliche
Routine vor. Zuerst muss sie ihre Füße
trocken abbürsten, um die Durchblutung
anzuregen. Dann folgen eine heiße
Dusche und eine Massage von Waden
und Füßen mit der Ölmischung. Sie sollte viele wärmende Stoffe wie Chili oder
Ingwer essen und versuchen, jeden Tag
20 Minuten spazieren zu gehen.

Zeitrahmen

Janet wird etwa fünf wöchentliche,
90-minütige Sitzungen benötigen und
einen Monat trainieren und sich
massieren müssen, bis sie Erfolge sieht.
Durch Teamarbeit erreicht man hier die
besten Ergebnisse.

Wichtige ätherische Öle

Schwarzer Pfeffer regt die Durchblutung
wirkungsvoll an.

BEINMASSAGE: AUFWÄRMEN

Nach der Fußmassage können Sie jetzt an den Beinen arbeiten, während der Massierte noch auf dem Rücken liegt. Beinmassagen beheben Müdigkeit und Schmerzen sehr wirkungsvoll. Bei der Massage sollten Sie immer mit Druck von unten nach oben in Richtung Herz arbeiten und sanfter zurückgleiten, um die Durchblutung anzuregen. Achten Sie auf blaue Flecken und Krampfadern und massieren Sie an diesen Stellen nicht. Ein Hinweis zur Massage von Männern: Benutzen Sie viel Öl, wenn die Beine sehr haarig sind, da die Massage sonst unangenehm wird.

1 *Beginnen Sie am Knöchel. Streichen Sie mit beiden Händen bis hoch zum Oberschenkel und gleiten Sie zurück. Viermal wiederholen.*

2 *Stützen Sie das Knie mit einer Hand und bearbeiten Sie mit den Knöcheln der anderen Hand den Wadenmuskel kräftig.*

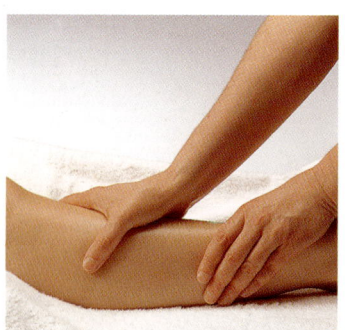
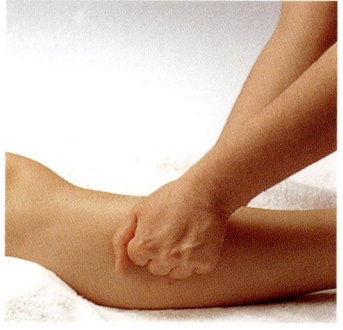

Arbeit mit den
Fingerspitzen

3 *Beschreiben Sie kleine Kreis um das
Knie. Zwei- bis dreimal wiederholen.*

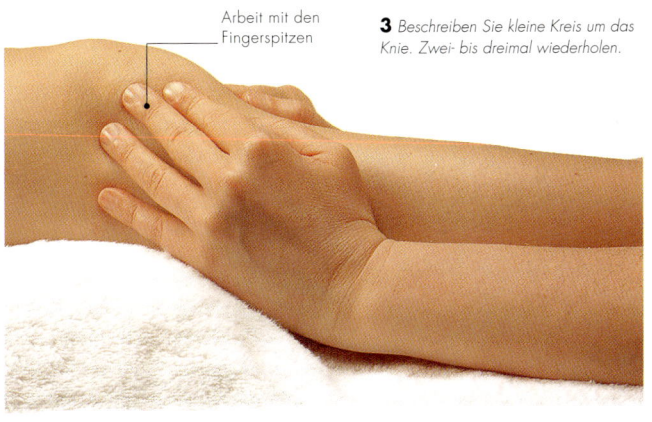

4 *Nehmen Sie sich jetzt die Seite des Beins
vor und kneten Sie den Oberschenkel mit
seitlichen Bewegungen.*

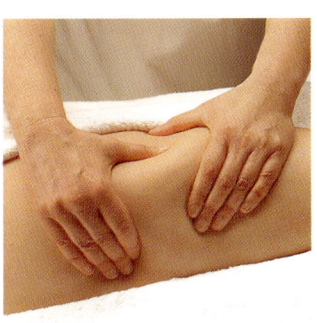

5 *Kreuzen Sie die Hände über der Hüfte
und bearbeiten Sie den Muskel. Viermal
wiederholen.*

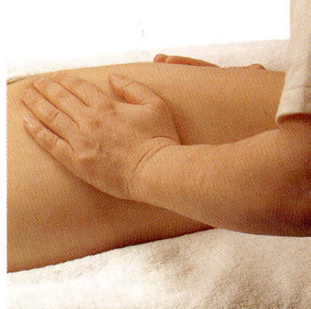

Beinmassage und Lymphdrainage

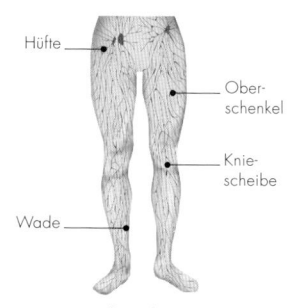

Hüfte

Ober-
schenkel

Knie-
scheibe

Wade

Die Beine
*Schlechte Ernährung und wenig Bewegung
wirken sich auf die Beine aus.*

An den Beinen zeigen sich die Auswirkungen des modernen Lebensstils. Ständiges Sitzen, zu wenig Bewegung und die Schadstoffe in der Nahrung führen zu schwammigem Fettgewebe in den Oberschenkeln und zu Schwellungen und Wassereinlagerungen in den Unterschenkeln. Zellulitis kann durch eine äußerliche Behandlung nicht vollständig abgebaut werden. Die innere Reinigung, die oft vernachlässigt wird, ist sehr wichtig.

Eine gute Ernährung

Die Aromatherapie ist eine ganzheitliche Behandlung, bei der Massage und ätherische Öle Hand in Hand mit Ratschlägen zu einer allgemeinen Verbesserung des Lebensstils gehen. Eine wirksame Behandlung von Fettgewebe und Wassereinlagerungen setzt die Reduktion von Salz und Koffein und die Vermeidung von Zigaretten und Fastfood voraus. Stattdessen sollten Sie Vollwertkost, Mineralwasser und frische Säfte aus Karotten oder Sellerie zu sich nehmen.

Die Lymphdrainage verbessern

Es gibt bestimmte Massagetechniken, die professionelle Masseure zur Verbesserung der Lymphdrainage lernen. Die Techniken in diesem Buch helfen bei diesem Vorgang, besonders, wenn sie mit Druck in Richtung Herz ausgeführt werden. Wacholder-, Fenchel- und Zitronenöl (je drei Tropfen auf 20 ml Trägeröl) sind bei Zellulitis und Wassereinlagerungen sehr wirksam. Massieren Sie täglich die Beine damit. Weiterhin sollten Sie zweimal wöchentlich mit Epsomsalz baden. Dies fördert die Durchblutung und die Ausscheidung von Schlacken. Eine weitere Möglichkeit sind trockene Bürstenmassagen vor Bad oder Dusche mit anschließendem Auftragen von entgiftenden Ölmischungen.

Massagetechniken

Bei dem Massieren der Beine dürfen Sie auf Kniescheiben und Schienbeine keinen zu großen Druck ausüben. Auf geschwollene Bereiche können die Öle mit sanftem Streichen aufgetragen werden. Nach der Behandlung ist es sinnvoll, die Beine ein paar Minuten hochzulegen. Jede untypische Schwellung sollten Sie einem Arzt zeigen.

Wichtige ätherische Öle

Fenchelöl ist ein sehr wirksamer „Reiniger" und eignet sich zur allgemeinen Entgiftung.

BEINMASSAGE: MEHR DRUCK Jetzt

muss das Bein mit fest aufgesetztem Fuß gebeugt werden. Bei Bedarf können Sie sich auch vorsichtig auf den Fuß des Massierten setzen, um zu verhindern, dass das Bein zur Seite kippt. Legen Sie das Bein nach den langsamen Streichungen wieder flach hin. Beenden Sie die Massage mit sanften Streichungen und wiederholen Sie das Ganze danach am anderen Bein.

1 *Kneten und klopfen Sie die Wadenmuskeln am gebeugten Bein sehr gründlich. Das regt die Durchblutung an.*

2 *Machen Sie eine lose Faust. Beschreiben Sie mit den Knöcheln auf der Unterseite des Oberschenkels kleine Kreise. Bein wieder ablegen.*

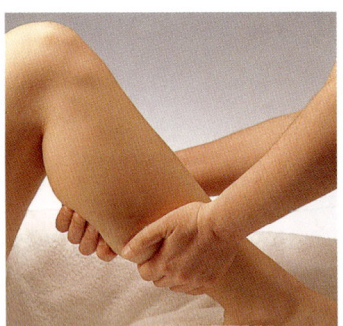

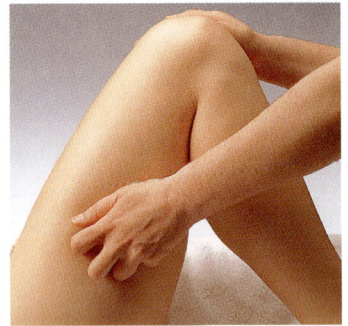

3 *Beginnen Sie am Knöchel. Streichen Sie das Bein entlang. Steigern Sie Druck und Geschwindigkeit. Fünf- bis sechsmal wiederholen.*

4 *Beginnen Sie am Knöchel. Klopfen Sie links und recht leicht das Bein entlang und gleiten Sie zurück. Zweimal wiederholen*

5 *Beruhigen Sie das ganze Bein, indem Sie mit beiden Hände daran hinabgleiten.*

Eine Hand folgt
der anderen

Fingerspitzen
streicheln
sanft

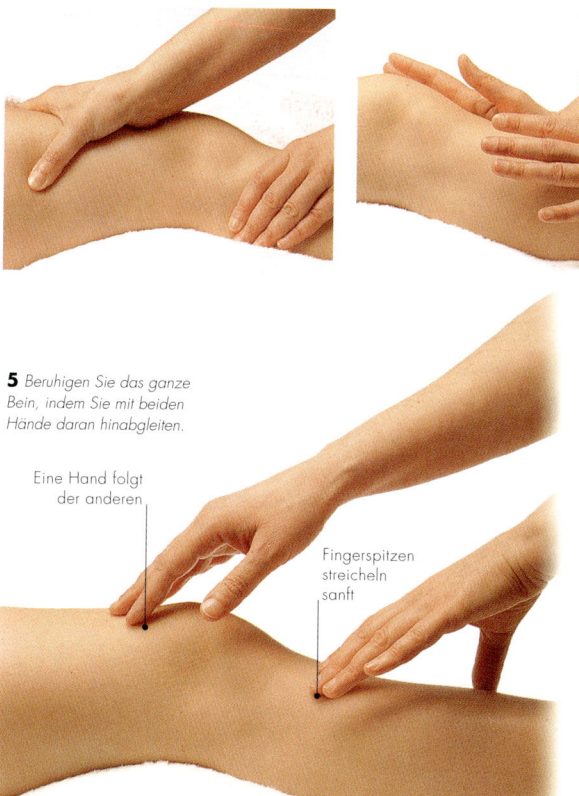

Fallbeschreibung: Beine

Ängstlich
Mrs. Johnson beruhigt sich schnell.

Beratung

Mrs. Johnson ist für ihr Alter gesund und fit. Sie läuft viel, obwohl ihr manchmal im Winter die Motivation fehlt. Sie kommt in die Sprechstunde, weil sie unter Schmerzen in den Beinen und geschwollenen Knöcheln – besonders wenn sie wenig gelaufen ist – leidet. Sie lebt bei ihrer Tochter und deren Familie und hat das Gefühl, dass ihr Leben manchmal sehr stressig ist. Mrs. Johnson wurde noch nie massiert und ist daher ein wenig angespannt. Sie würde es vorziehen, wenn sich die Behandlung auf ihre Beine konzentriert.

Behandlung

Als Therapeut erkläre ich Ihr die Behandlung. Ich versichere ihr, dass ich ihr Schamgefühl respektiere und sicherstelle, dass sie gut zugedeckt ist. Ich stimme außerdem zu, dass wir uns bei der ersten Sitzung auf das Problemgebiet beschränken. Ich sehe mir ihre Beine an und frage sie, ob sie damit schon bei ihrem Arzt war. Sie erläutert mir, dass dieser Bescheid weiß, die Probleme aber ihrem Alter zuschreibt. Ihre Knöchel sind leicht geschwollen und ihre Füße sind sehr bleich und kalt. Sie sagt, ihre Beine tun weh. Ich mische 20 ml Trägeröl mit zwei Tropfen Vetiver- und vier Tropfen Lavendelöl (sie liebt diesen Duft) gegen die Schmerzen und vier Tropfen Zitronenöl zum Ableiten der Flüssigkeit. Ich massiere ihre Füße und

Unterschenkel langsam und sanft. Sie genießt die Behandlung sehr. Nach Ende der Massage lege ich ihre eingewickelten Füße für ein paar Minuten auf ein Heizkissen.

Selbsthilfe

Mrs. Johnson wird von einer 10-minütigen täglichen Massage mit dieser Ölmischung profitieren. Außerdem sollte sie ihre Beine oft hochlegen und täglich einen Spaziergang machen.

Zeitrahmen

Sie wird ca. fünf wöchentliche Massagen von je 30 Minuten brauchen, bis sich echte Erfolge einstellen. Wenn sich Mrs. Johnson weiter an die Behandlung gewöhnt hat, wird sie vielleicht eine Ganzkörpermassage ausprobieren.

Wichtige ätherische Öle

Ingweröl wärmt und beruhigt schmerzende Muskeln.

HANDMASSAGE: HANDFLÄCHE

Dieses ist eine einfache, aber wirkungsvolle Behandlung für einen Körperteil, der jeden Tag vielfältige Tätigkeiten ausführt. Die Bewegungen dehnen und lockern Muskeln und Knochen. Sofern die Hand des Massierten kalt ist, reiben Sie sie vor Beginn der Massage warm. Die Hände werden täglich extrem gefordert. Sie profitieren von einer Druckmassage der Handflächen, besonders wenn sie schlecht durchblutet sind. Diese dehnt die Knochen und verbessert die Durchblutung in der gesamten Hand. Sie können eine Handmassage auch an sich selbst durchführen.

1 *Der Massierte liegt auf dem Rücken. Stützen Sie die Hand die ganze Zeit sorgfältig am Handgelenk. Streichen Sie mit der anderen Hand von den Fingern über die Handfläche bis zum Handgelenk. Gleiten Sie zurück. Vier- bis fünfmal wiederholen.*

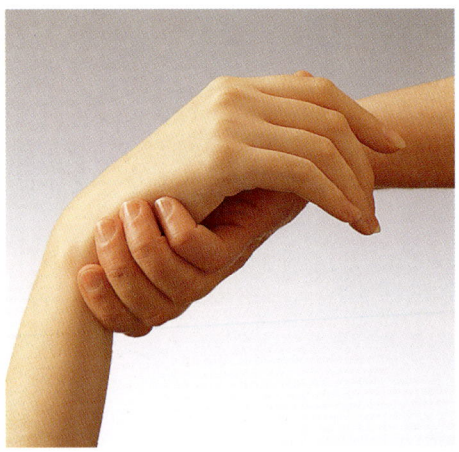

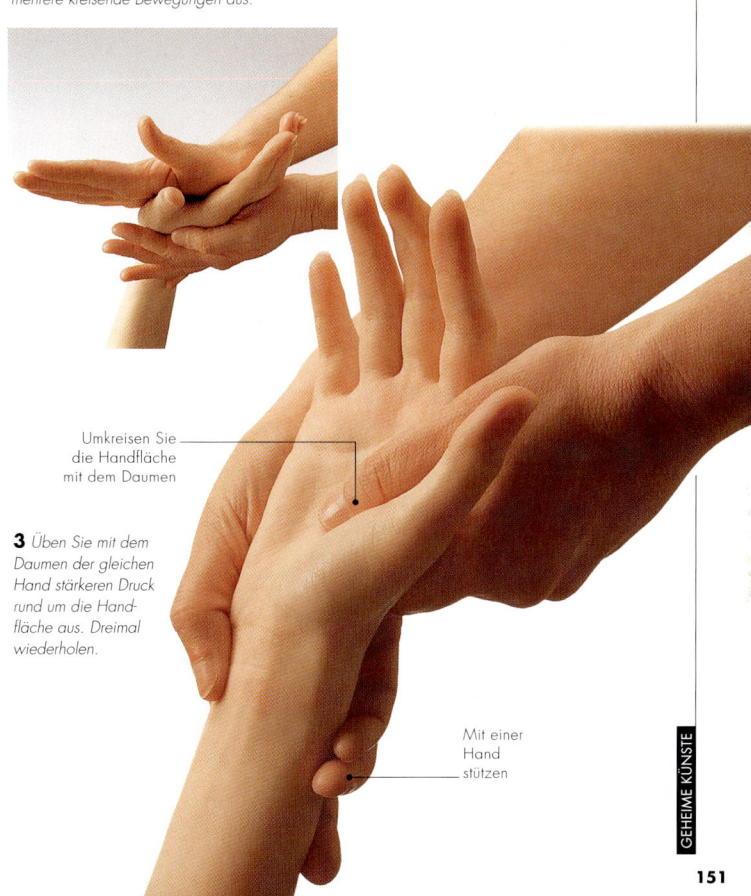

2 *Pressen Sie Ihren Handballen in die Handfläche des Massierten und führen Sie mehrere kreisende Bewegungen aus.*

Umkreisen Sie die Handfläche mit dem Daumen

3 *Üben Sie mit dem Daumen der gleichen Hand stärkeren Druck rund um die Handfläche aus. Dreimal wiederholen.*

Mit einer Hand stützen

Handmassage: Einfache Berührungen

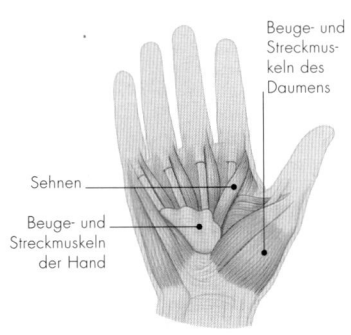

Beuge- und Streckmuskeln des Daumens

Sehnen

Beuge- und Streckmuskeln der Hand

Griff
Die Hand kann mit Muskeln und Bändern greifen.

Tausende Nervenenden, die mit großen Teilen des Gehirns verbunden sind, registrieren täglich unzählige sensorische Botschaften. Denken Sie an all die Dinge, die Sie im Laufe eines Tages anfassen. Überlegen Sie, wie es möglich ist, dass Sie so viele verschiedene Strukturen unterscheiden können. Durch eine einfache Berührung können Sie feststellen, ob etwas lebt oder nicht, ohne sich darauf zu konzentrieren. Warum fühlt sich Baumrinde anders an als Plastik? Berührungen verbinden uns auch mit Gefühlen. Die Hände können ausdrücken, was wir fühlen, z. B. durch eine geballte Faust. Die vielen Nervenenden machen die Hände sehr empfindlich gegen Schmerzen, Hitze und Kälte.

Wichtige Massage

Eine Massage ist für gesunde wie auch für kranke Hände vorteilhaft. Die Durchblutung wird verbessert, die Hautfarbe wird rosiger und die Hand wärmer. Wenn Beschwerden vorliegen, muss die Massage sehr vorsichtig ausgeführt werden. Öle für die Durchblutung und gegen Schmerzen wie Ingwer, Zitronengras und Rosmarin (je drei Tropfen in 20 ml Trägeröl) verbessern die Beweglichkeit von kalten, steifen Fingern.

Vielseitigkeit

Eine Handmassage kann jedem, egal welchen Alters, verabreicht werden. Da man sich dabei nicht ausziehen muss, können Sie auch solche Menschen massieren, die sich sonst unwohl fühlen würden. Die Berührung der Hände lindert Ängste und Stress auf der Stelle. Es ist eine instinktive Geste bei Menschen, die Hilfe benötigen. Handmassagen wirken sehr gut bei alten oder kranken Menschen. Bei einem Krankenbesuch kann es sehr hilfreich sein, etwas Angenehmes für beide zu tun. Berührungen können eine beinahe magische Wirkung haben. Sie sind ein effektives Kommunikationsmittel in Situationen, in denen man nur schwer Worte findet.

Wichtige ätherische Öle

Orangenöl ist süß und als Massageöl für die Hände sehr beliebt.

HANDMASSAGE: OBERSEITE

Jetzt konzentrieren wir uns ein wenig auf die Finger und die Oberseite der Hand, indem wir den ganzen Bereich sanft dehnen. Die Finger werden warm, wenn die Durchblutung sich verbessert. Denken Sie immer daran, während der Massage mit einer Hand das Handgelenk zu stützen. Wenn Sie die Massage an einer Hand beendet haben, wiederholen Sie den Vorgang an der anderen. Diese Techniken können Sie auch problemlos bei sich selbst anwenden.

1 *Drehen Sie die Handfläche nach unten. Kneten und drücken Sie jeden Finger und den Daumen nacheinander. Ziehen Sie zum Abschluss leicht an jedem Finger.*

2 *Streichen Sie mit leichtem Druck die Linien zwischen den Sehnen von den Fingerknöcheln bis zum Handgelenk entlang. Vergessen Sie nicht die Linie zwischen Daumen und Zeigefinger.*

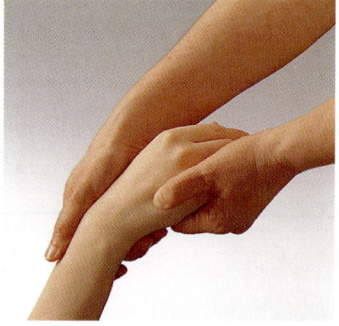

3 *Halten Sie das Handgelenk fest, verschränken Sie Ihre Finger mit denen des Massierten und drehen Sie die Hand erst in die eine, dann in die andere Richtung. Dehnen Sie diese dabei leicht.*

4 *Streichen Sie mehrmals von den Fingern zum Handgelenk und gleiten Sie zum Schluss langsam hinunter.*

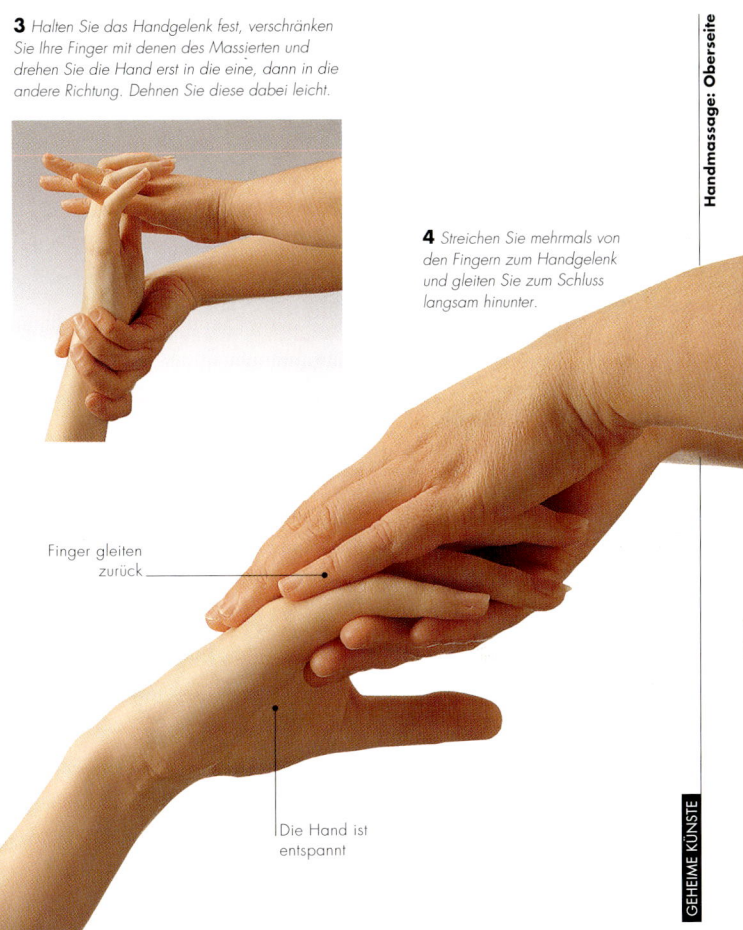

Finger gleiten
zurück

Die Hand ist
entspannt

Fallbeschreibung:
Hände

Ganzheitlich
*Obwohl Sally nur Beschwerden in den Hän-
den hat, ist die Behandlung ganzheitlich.*

Beratung

Sally kommt in die Sprechstunde,
um eine Aromatherapiebehandlung für ihre Hände auszupro-
bieren. Sie arbeitet seit vielen Jahren als
Assistentin eines Firmenchefs und ver-
bringt viel Zeit am Computer. Jetzt hat
sie starke Schmerzen in den Hand- und
Fingergelenken sowie im Daumen. Sie
vermutet, dass sie unter dem „Mausarm"
(RSI-Syndrom) leidet, bei dem die
Gelenke durch ständig wiederkehrende

Bewegungen überbeansprucht werden.
Die Beschwerden treten vor allem auf,
wenn Sally unter Stress steht. Sie leidet
auch unter Kopf- und Nackenschmerzen. Sally geht zwar zur Physiotherapie,
hat aber wegen des „Mausarms" noch
keinen Arzt aufgesucht.

Behandlung

Massage und Physiotherapie wirken
hier sehr gut zusammen. Ich schlage ihr
vor, ihrem Physiotherapeuten zu erzählen, dass sie nebenbei eine Aromatherapie macht. Ihre Hände sind nicht
geschwollen, aber sie sind sehr steif.
Ich verwende daher Öle, die Schmerzen lindern und die Durchblutung
anregen. Zur Ganzkörpermassage
nehme ich eine Mischung gegen Stress
aus je drei Tropfen Lavendel-, Neroli-
und Weihrauchöl in 20 ml Trägeröl.
Anschließend massiere ich ihre Hände
mit einer Spezialmischung aus je drei
Tropfen Lavendel-, Inger- und Zitronengrasöl in 20 ml Basislotion.

Selbsthilfe

Sally wird ihre Hände zwischen den Behandlungen morgens und abends mit der Spezialmischung massieren. Sie sollte außerdem überprüfen lassen, ob ihr Arbeitsplatz für die Bildschirmarbeit geeignet ist. Als letztes Mittel sollte sie zukünftig mit einer Stütze für das Handgelenk oder einem ergonomisch geformten Keyboard arbeiten.

Zeitrahmen

Sally wird als Ergänzung ihrer Physiotherapie vier bis sechs Aromatherapiebehandlungen benötigen. Sanfte Dehnübungen und eine Fortführung der Handmassagen nach Abschluss der Behandlung wären für sie sinnvoll. So könnte sie die positiven Auswirkungen erhalten.

Wichtige ätherische Öle

Zitronengrasöl ist ein regelrechter Muntermacher für den Kreislauf.

ARMMASSAGE: UNTERARM

Die Arme profitieren sehr von einer Massage, da sie an fast allen Aktivitäten beteiligt sind. Jeder, der häufig Dinge tragen, anheben oder hochreichen muss, spürt am Ende eines langen Tages die Müdigkeit und Verspannung in den Armen. Durch eine Massage kann diese gelindert werden. Nehmen Sie sich für die Behandlung Zeit. Die Arme müssen langsam und sorgfältig bearbeitet werden. Versichern Sie sich, dass der Arm in einer bequemen Position liegt und stützen Sie ihn ständig mit einer Hand ab.

1 *Der Massierte liegt auf dem Rücken. Stützen Sie den Arm mit einer Hand. Streichen Sie mit der anderen kräftig bis hoch zur Schulter und gleiten Sie zurück. Viermal wiederholen.*

2 *Stützen Sie den Arm am Ellbogen. Kneten Sie mit der anderen Hand die Unterarmmuskeln kräftig zwischen Ihren Fingern.*

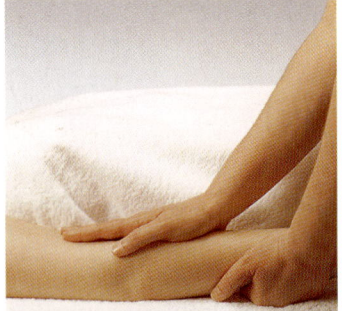

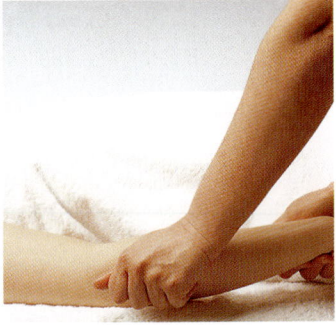

3 *Beugen Sie dem Arm am Ellbogen. Halten Sie das Handgelenk und arbeiten Sie sich mit der anderen Hand langsam den Unterarm hinab, um Flüssigkeit abzuleiten.*

4 *Beugen Sie den Ellbogen und legen Sie die Hand auf die Brust. Arbeiten Sie die Ölmischung mit kleinen kreisenden Bewegungen sorgfältig in die trockene Haut am Ellbogen ein.*

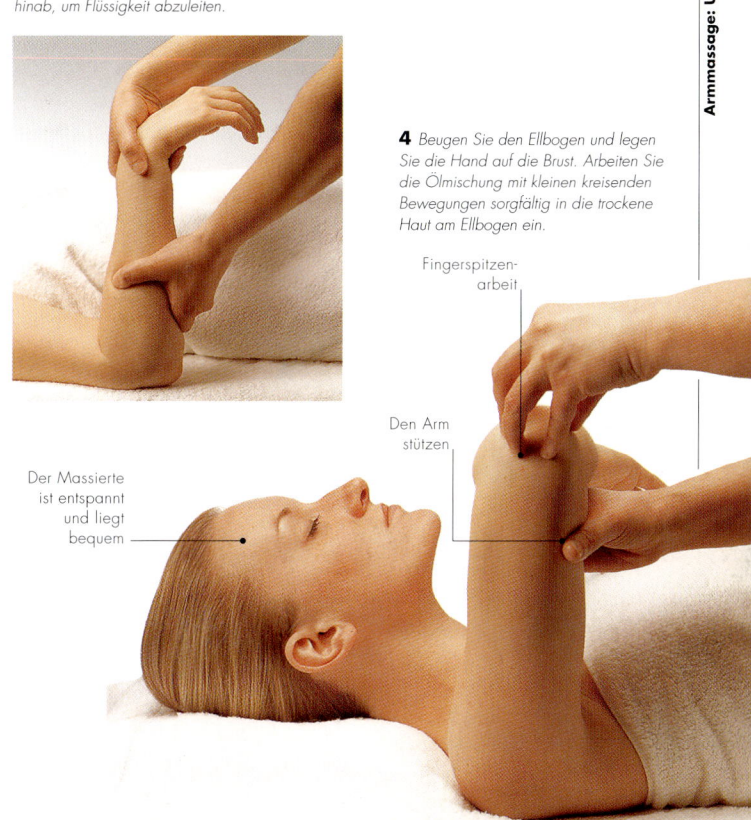

Fingerspitzen-arbeit

Den Arm stützen

Der Massierte ist entspannt und liegt bequem

Armmassage für Anmut und Festigkeit

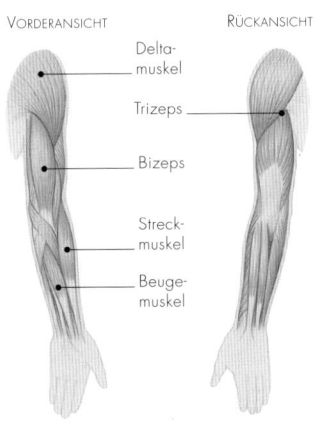

VORDERANSICHT RÜCKANSICHT

Delta-
muskel

Trizeps

Bizeps

Streck-
muskel

Beuge-
muskel

Aufbau des Arms
*Die Arme haben einen faszinierenden
Bewegungsspielraum.*

S chauen Sie zu, wie eine Ballerina
bei einer Pirouette die Arme über
den Kopf hebt und Sie sehen,
wie anmutig eine Armbewegung sein
kann. Die Anatomie der Arme ist ähnlich der Anatomie der Beine. Der Ellbogen sorgt für Biegsamkeit und die
Muskeln sind so angeordnet, dass sie

einen weiten Bewegungsspielraum
ermöglichen. Die Arme sind meist keine
Muskelberge, trotzdem bringen sie
beim Beugen, Drehen und Aufstützen
überraschend viel Kraft auf.

Behandlung der Arme

Eine Massage ist bei vielen Beschwerden, von Müdigkeit bis zu Verletzungen,
sehr wirksam. Sie sollten dazu Öle
verwenden, die schmerzlindernd,
entzündungshemmend und krampflösend wirken. Vetiver und Süßer Majoran
sind gut bei krampfartigen Schmerzen,
während Lavendel allgemeine Schmerzen lindert. Verwenden Sie je drei
Tropfen in 10 ml Trägeröl. Bei einer
Muskelzerrung legen Sie 20 Minuten
einen Eisbeutel darauf, gefolgt von
einer kalten Kompresse mit je zwei
Tropfen Römischem Kamillen- und
Pfefferminzöl, um den Schmerz zu
lindern. Der „Tennisarm" ist ein häufiges
Problem. Ideal dafür sind Pfefferminz-,

Römisches Kamillen- und Lavendelöl
(je drei Tropfen in 10 ml Trägeröl), die
zweimal täglich in den betroffenen Bereich massiert werden.

Lindernde Massage

Die Selbstmassage ist zur Linderung von
Schmerzen sehr wirksam, trotzdem kann
ein Besuch bei einem Therapeuten sinnvoll sein. Viele wichtige Armmuskeln
kann man alleine kaum erreichen. Die
hier beschriebenen Massagen sollten
am besten mit einem Partner ausgeführt
werden. Massieren Sie nach Aktivitäten
wie Sport, Gartenarbeit oder nach dem
Heben von schweren Gegenständen,
wenn die Muskeln angespannt sind.
Diese Anspannung kann sich vom Arm
bis hin zum Hals ziehen.

Wichtige ätherische Öle

Das Öl des **Süßen Majoran** lindert Krämpfe
in schmerzenden Muskeln.

ARMMASSAGE: OBERARM

Vom Unterarm, den wir bereits geknetet und entwässert haben (siehe S. 160–161) haben, gehen wir jetzt zum Oberarm über. Einige der Techniken können der Muskulatur des Massierten angepasst werden – Sie kneten dann eben mit beiden Händen, nicht nur mit einer. Nachdem Sie die Massage an einem Arm beendet haben, decken Sie ihn zu und beginnen die Arbeit am anderen.

1 *Stützen Sie den Arm am Ellbogen und streichen Sie in kräftigen, kreisenden Bewegungen vier bis fünfmal um die Schulter.*

2 *Benutzen Sie eine Hand oder beide Hände, um den Oberarm, besonders den Deltamuskel und den Trizeps, einige Minuten durchzukneten.*

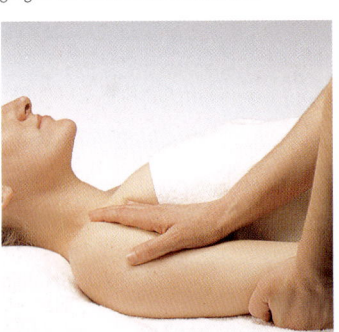

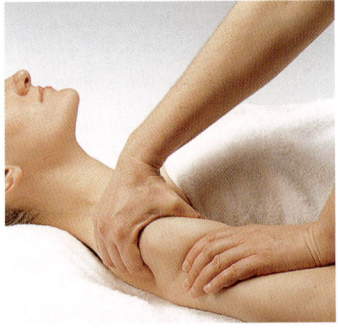

3 Streichen Sie jetzt mit mehr Druck den ganzen Arm hinauf, von den Fingern bis zur Schulter. Führen Sie die Bewegung erneut schneller und energischer durch. Dieses entwässert den gesamten Arm.

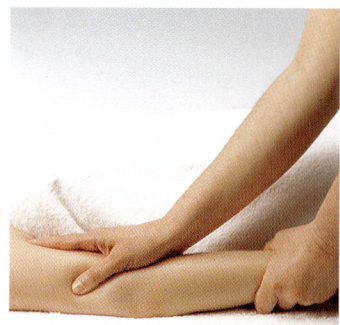

4 Gleiten Sie sanft mit beiden Händen nacheinander den Arm hinunter. Das entspannt den Arm und beendet die Massage.

Die Finger abheben

Safte Berührung

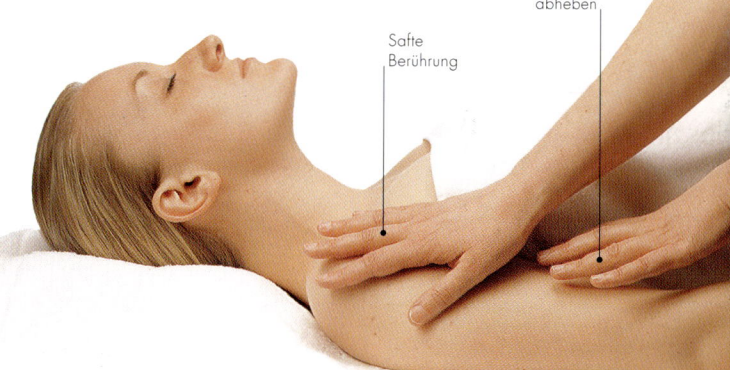

Die Körpersprache der Arme

Falsches Sitzen
Wenn man sich auf seine Arbeit konzentriert, entwickelt man schnell eine schlechte Haltung.

Wir sind uns dessen nicht bewusst, aber wir reagieren mit den Armen auf unsere Umwelt und die Menschen darin. Wir wickeln die Arme als Schutz um uns selbst oder gehen mit offenen Armen auf jemanden zu. Die Körpersprache der Arme ist sehr interessant. Achten Sie darauf, wie Menschen ihre Arme halten oder benutzen. Die Arme sind direkt daran beteiligt, was wir aus unserem Leben machen.

Gefühle und der Körper

Beim ganzheitlichen Weg zur Gesundheit wird die Verbindung zwischen Körper und Gefühlen nicht ignoriert. Gefühle werden oft durch eine Reaktion des Körpers ausgedrückt. Interessanterweise ist es bei der professionellen Aromatherapiemassage am schwierigsten, die Arme zu entspannen. Sie verspannen sich immer wieder und widersetzen sich der Behandlung. Dieses ist ein Zeichen dafür, wie sehr eine Person meint, die Kontrolle behalten zu müssen. Entspannt sich der Arm während der Massage nicht, versuchen Sie, ihn leicht zu schütteln. Wiederkehrendes Anspannen kann auch bedeuten, dass die Person der Situation nicht ganz vertraut, daher ist Ihre stützende Hand so wichtig.

Wut, Frustration und angestaute Gefühle zeigen sich häufig auch in den Armen. Die angespannten Menschen, die im Stau nervös auf das Lenkrad klopfen oder es umklammern, leiden oft unter Schmerzen im Nacken oder im Rücken oder neigen zu Migräne. Dies stammt von den Muskeln, die durch emotionale Frustrationen verspannt sind.

Aromatherapie im Auto

Eine falsche Sitzposition führt häufig zu Schmerzen in Nacken oder Rücken. Versuchen Sie, die Arme so weit wie möglich zu entspannen, wenn Sie das Lenkrad halten. Inzwischen gibt es Zerstäuber für das Auto. Verwenden Sie frische, anregende Öle wie Rosmarin oder Zitrone. Sie verbessern Ihre Laune und halten Sie wach. Im Stau können Sie Selbstmassagetechniken für die Schultern anwenden. Sehr sinnvoll ist es, einige Tropfen Öl auf ein Tuch zu träufeln und es auf das Armaturenbrett zu legen.

Wichtige ätherische Öle

Zypressenöl lindert Schmerzen in müden, überanstrengten Muskeln.

DIE BAUCHMASSAGE

Der Bauch kann sehr empfindlich sein, daher müssen Sie vorsichtig vorgehen. Der Solarplexus ist das Nervengeflecht genau unterhalb des Brustkorbes. Hier verspüren wir „Schmetterlinge", aber auch Ängste und Sorgen. Massieren Sie dort sehr vorsichtig. Die Bauchmassage wird am besten ruhig und sanft durchgeführt. Eine Bewegung sollte in die nächste übergehen. Diese ersten Streichungen helfen bei Regelschmerzen, Magenkrämpfen oder Verstopfung.

1 *Platzieren Sie beide Hände unterhalb des Nabels. Streichen Sie aufwärts zu den Rippen, gleiten Sie zur Seite und zurück zum Ausgangspunkt. Viermal wiederholen.*

2 *Legen Sie eine Hand über die andere und streichen Sie in einem Kreis, beginnend an der rechten Hüfte, rund um den Nabel. Mehrfach wiederholen.*

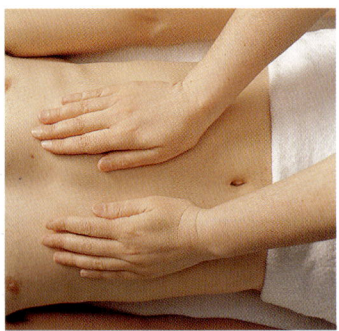

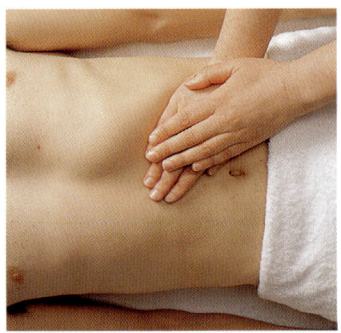

3 *Kneten Sie den Bauch von rechts nach links durch. Ziehen Sie die Haut dabei sanft, aber bestimmt hoch. Streichen Sie danach einige Male kreisförmig über den Bauch.*

Achten
Sie auf
Spannung

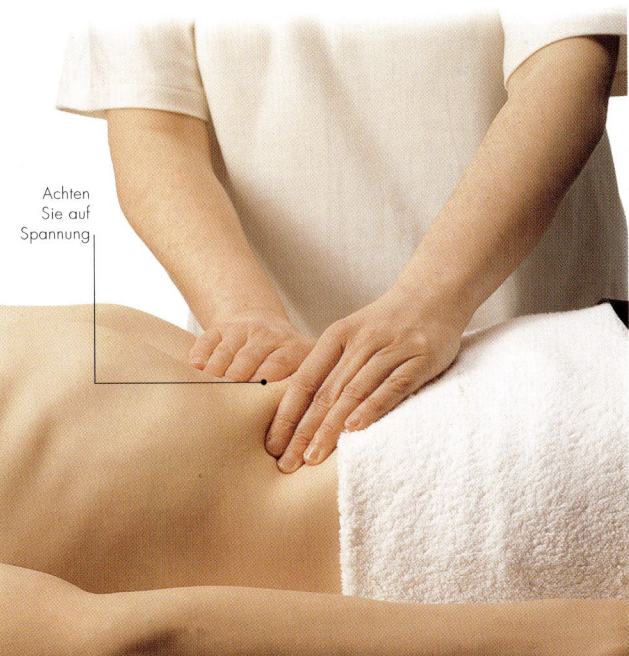

Bauchmassage bei Verdauungsstörungen

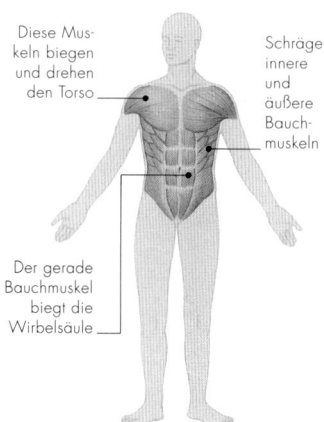

Diese Muskeln biegen und drehen den Torso

Schräge innere und äußere Bauchmuskeln

Der gerade Bauchmuskel biegt die Wirbelsäule

Im Innern des Bauchs
Die Bauchmuskeln liegen in Schichten übereinander.

Verdauungsstörungen

Magenkrämpfe, Magenverstimmungen, Verstopfung oder Blähungen treten oft auf. Sie können durch eine Massage gelindert werden. Ein kreisförmiges Streichen von der rechten zur linken Hüfte hilft z. B. bei Verstopfungen. Bei der ganzheitlichen Aromatherapie werden auch Ernährung und Lebensumstände betrachtet, wenn es gilt, Bauchprobleme zu beseitigen.

Gefühle und die Verdauung

Die Verdauung reagiert sehr empfindlich auf emotionalen Stress. Bei einem Trauma oder Schock ziehen sich die Gedärme zusammen. Unterschwellige Sorgen werden wirksam mit Neroliöl behandelt. Der Duft beeinflusst das Nervensystem, beruhigt Angstzustände und sorgt für eine tiefe geistige Entspannung. Einmassiert lindert es Magenkrämpfe. Mischen Sie drei Tropfen davon mit einem Teelöffel Trägeröl und massieren Sie es direkt in den Bauch.

Unser Verdauungssystem ist ständig damit beschäftigt, Nahrung zu zerkleinern, Nährstoffe herauszufiltern und Abfallstoffe auszuscheiden. Wir nehmen davon meist keine Notiz, bis uns Schmerzen darauf hinweisen, dass etwas nicht stimmt.

Auch bei Kindern zwischen drei und zehn Jahren ist es sehr wirksam. Verwenden Sie hier aber nur einen Tropfen. Führen Sie die Massage abends durch, sodass sich die Organe über Nacht erholen können.

Stärkungsmittel

Bei träger Verdauung, Verstopfung oder Durchfall hilft eine Massage mit Ölen, die als Stärkungsmittel für die Verdauung gelten. Massieren Sie mit einer Mischung aus je zwei Tropfen Pfefferminz- und Zitronengrasöl sowie vier Tropfen Ingweröl in 15 ml Trägeröl zweimal täglich den Bauch. Beschränken Sie sich dabei auf beruhigendes kreisförmiges Streichen. Nach Ende der Massage ist es sehr angenehm, eine Wärmflasche auf den Bauch zu legen.

Wichtige ätherische Öle

Ingweröl lindert Magenkrämpfe und wirkt erwärmend.

BAUCHMASSAGE: KRÄFTIGUNG

Beim nächsten Teil der Bauchmassage wird der gesamte Bauchraum mit rhythmischen Bewegungen massiert. Dies kräftigt auf sanfte Weise alle inneren Organe. Versuchen Sie, einen gleichmäßigen Rhythmus zu entwickeln, bei dem alle Bewegungen fließend ineinander übergehen. Die Bauchmassage ist eine der beruhigendsten und entspannendsten Behandlungen der Aromatherapie. Es ist eine gute Erholung für Körper und Geist, während der Massage alle Anspannung aus sich entweichen zu lassen. Bei dieser Behandlung schlafen viele Menschen ein.

1 *Arbeiten Sie sich von einer Seite zur anderen vor, indem Sie Ihre Hände mehrmals eine Acht beschreiben lassen.*

2 *Zur intensiveren Behandlung heben Sie die Muskeln zwischen Ihren Armen und Händen an und schieben sie zusammen.*

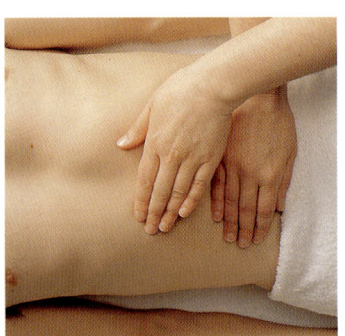

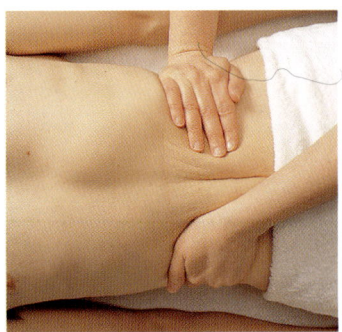

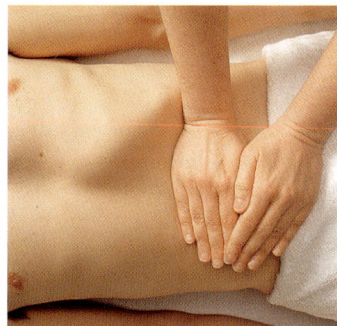

3 Legen Sie beide Hände über den Nabel. Schaukeln Sie mit ihnen sanft vor und zurück und üben Sie dabei abwechselnd mit den Fingerspitzen und den Handballen Druck aus.

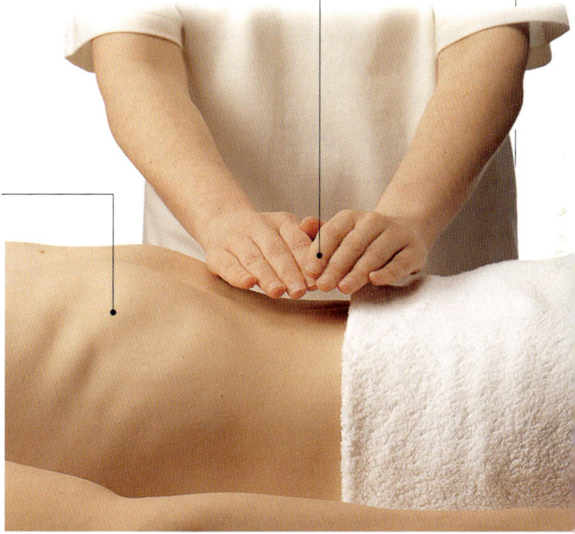

Heben Sie die Hände ganz langsam

Entspannte Muskeln

4 Halten Sie Ihre hohlen Hände über den Nabel, bis sich darunter die Wärme staut. Heben Sie die Hände ganz langsam an. Dies gibt dem Massierten ein Gefühl von Schwerelosigkeit und Frieden.

171

Massage für Menstruation, Schwangerschaft & Geburt

Sanfte Linderung
*Passen Sie die Rückenmassage in
der Schwangerschaft an.*

Menstruation

Eine Bauchmassage wirkt lindernd
bei Krämpfen und Unwohlsein
während der Menstruation. Sie
können diese problemlos an sich selbst
durchführen (siehe S. 292–205). Ein
warmes, 20-minütiges Bad mit je drei
Tropfen Lavendel- und Süßem Majoranöl
ist ebenfalls sehr hilfreich. Tragen Sie
anschließend eine Mischung aus je drei
Tropfen Lavendel-, Süßem Majoran- und

Muskatellasalbeiöl in 20 ml Trägeröl
auf den gesamten Bereich auf. Denken
Sie daran, dass die Druckpunkte am
unteren Rücken auch sehr effektiv ge-
nutzt werden können. Zum Abschluss
legen Sie sich eine Wärmflasche auf
den Bauch und entspannen sich.

Schwangerschaft

Über die Massage während der
Schwangerschaft gibt es verschiedene
Ansichten. Eingeborene in Afrika schät-
zen sie während der Schwangerschaft,
der Geburt und der Zeit danach sehr.
Wir weisen jedoch ausdrücklich darauf
hin, dass eine intensive Bauchmassage
in dieser Zeit nicht durchgeführt werden
darf. Sanfte Massagetechniken sind
dagegen – besonders in den späteren
Monaten – sehr beruhigend. Sanftes,
kreisendes Streichen über den unteren
Rücken lindert Schmerzen. Eine Ölmischung zum Abbau von Stress und
zur Verbesserung des Schlafs besteht

z. B. aus je zwei Tropfen Lavendel- und Neroliöl in 20 ml Mandelöl. Sie kann ab dem dritten Schwangerschaftsmonat verwendet werden.

Geburt

Am Anfang der Geburt ist eine Rückenmassage oft sehr willkommen. Massieren Sie mit kreisenden Bewegungen den unteren Rücken und den Po. Benutzen Sie dazu Ihre Handballen. Sanfte kreisende Streichungen können auch auf dem Bauch durchgeführt werden. Streicheln Sie zwischen den Wehen das Gesicht Ihrer Partnerin, dieses wirkt sehr beruhigend. Während der Geburt ist eine Mischung aus je zwei Tropfen Jasmin- und Muskatellasalbeiöl in 20 ml Trägeröl besonders angebracht.

Wichtige ätherische Öle

Neroli beruhigt aufgewühlte Gefühle, die man oft im Bauch „spürt".

NACKEN- & SCHULTERMASSAGE 1

Es ist sehr befriedigend, den Nacken und die Schultern zu massieren, da sie sofort auf jede Berührung reagieren. In diesem Bereich sammelt sich sehr viel Anspannung an. Kümmert man sich nicht darum, können daraus verschiedene andere Beschwerden entstehen. Die Streichungen hier sollten gleichmäßig und fließend ausgeführt werden. Denken Sie daran, denn Sie bereiten den Bereich auf intensivere Massagetechniken vor.

1 *Der Massierte liegt auf dem Rücken. Dehnen Sie seine Schultern vorsichtig, indem Sie sie sanft nach außen drücken.*

2 *Gleiten Sie mit Ihren Fingern nach außen, hinter die Schultern und dann den Nacken hoch. Im Nacken sollten sich Ihre Finger seitlich von der Wirbelsäule befinden. Viermal wiederholen.*

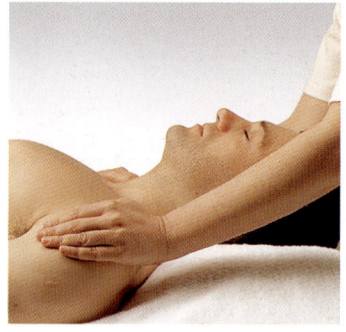

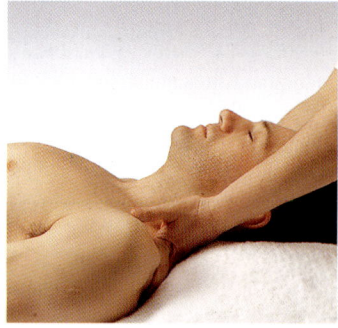

3 *Streichen Sie über das Brustbein nach unten, fächern Sie die Hände über die Brust und gleiten Sie zurück. Viermal wiederholen.*

4 *Machen Sie lose Fäuste und bearbeiten Sie mit den Knöcheln den ganzen Brustbereich, die Schultern und den Nacken. Zweimal wiederholen.*

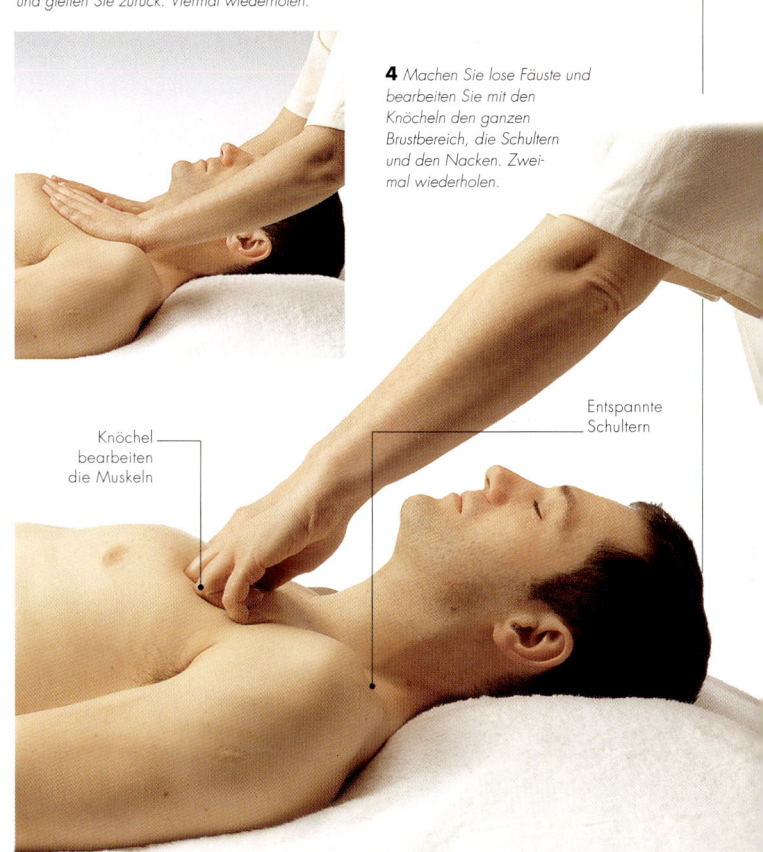

Knöchel bearbeiten die Muskeln

Entspannte Schultern

Chronische Verspannung
in Nacken und Schultern

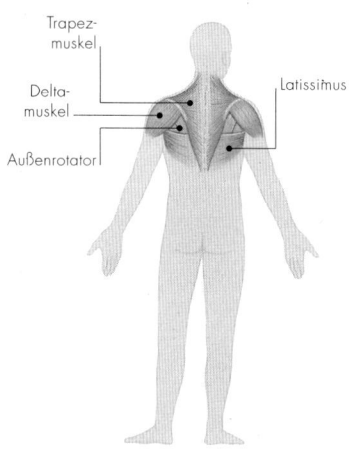

Trapez-
muskel

Delta-
muskel

Außenrotator

Latissimus

Schultermuskeln
*Diese Muskeln sind häufig
verspannt.*

Computerarbeit schuld an chronischen Verspannungen. Der Winkel des Bildschirms ist falsch, wir sitzen zu nah davor und die Tastatur hat die falsche Höhe. Das Ergebnis sind überanstrengte Augen, Kopf- und Nackenschmerzen sowie Migräne.

Was Sie beachten sollten

Schon kleine Änderungen können große Verbesserungen herbeiführen. Einige Menschen wundern sich, dass ihre Beschwerden nach Ende der Therapie zurückkehren. Werden die Ursachen nicht beseitigt, ist das aber zu erwarten. Sie sitzen am Schreibtisch, haben den Telefonhörer am Ohr eingeklemmt, tippen dabei und wundern sich, dass Ihr Nacken schmerzt? Hier muss sich etwas ändern. Nacken und Schultern sind Bereiche, in denen große Muskelmassen mit Schultergelenken, Halswirbeln und Schädel verbunden werden. Wenn Sie sich zu sehr nach vorne beugen, werden die Rückenmuskeln überdehnt

Wir sind uns meistens nicht bewusst, wie wir sitzen, stehen oder uns bewegen. Schulkindern sitzen an Pulten, die für ihre Größe ungeeignet sind. Als Erwachsene übernehmen wir diese Sitzgewohnheiten im Büro. Oftmals ist die

und die Brustmuskeln verkürzt. Dies führt zu einer gebeugten Haltung und einer starken Krümmung der Wirbelsäule. Bei der Aromatherapie werden diese Bereiche mit ätherischen Ölen massiert, um Verkrampfungen und Schmerzen zu lindern. Eine gute Möglichkeit zur Verbesserung der Haltung sind Sportarten wie Yoga oder Tai Chi.

Wichtige Behandlung

Eine Selbstbehandlung ist kaum möglich. Für ein gutes Ergebnis sollten Sie einen Masseur aufsuchen oder sich von einem Partner helfen lassen.

Verwenden vier Tropfen Rosmarin- und je drei Tropfen Schwarzer Pfeffer- und Vetiveröl in 20 ml Trägeröl. Diese Öle regen die Durchblutung an und lockern die Muskeln.

Wichtige ätherische Öle

Rosmarinöl verbessert die örtliche Durchblutung und lindert Steifheit.

NACKEN- & SCHULTERMASSAGE 2

Bei diesem Teil der Massage kümmern wir uns intensiver um den Hals. Hierbei sollten Sie sehr vorsichtig sein: Fühlen Sie immer nach den Wirbeln und halten Sie Ihre Finger seitlich davon. Ihre Bewegungen sind winzig, aber enorm entspannend. Nach dem Ende der Massage decken Sie die Schultern des Massierten zu und legen für einen Moment Ihre Hände über seine Augen.

1 *Beginnen Sie mit beiden Händen am unteren Ende des Halses. Arbeiten Sie sich mit kleinen, kreisenden Bewegungen seitlich den Hals hinauf und gleiten Sie wieder zurück. Dreimal wiederholen. Kreisen Sie bei der dritten Wiederholung bis zu der Stelle direkt hinter den Ohren.*

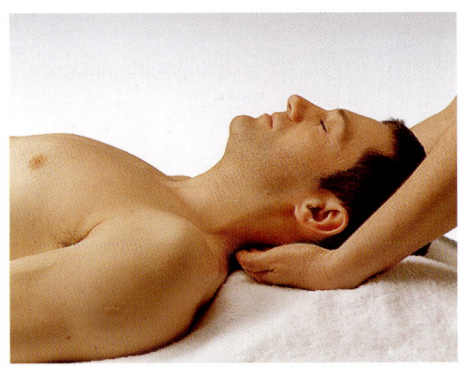

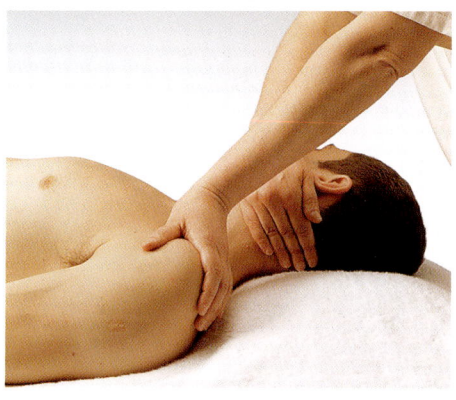

2 *Drehen Sie den Kopf des Massierten zu einer Seite und streichen Sie in schneller Abfolge der Hände den Hals hoch bis zum Haaransatz. Zweimal wiederholen. Drehen Sie den Kopf auf die andere Seite und wiederholen Sie das Ganze.*

3 *Drehen Sie den Kopf zurück zur Mitte, streichen Sie über das Brustbein nach außen zu den Schultern und gleiten Sie hinten über den Hals des Massierten ab. Dreimal wiederholen.*

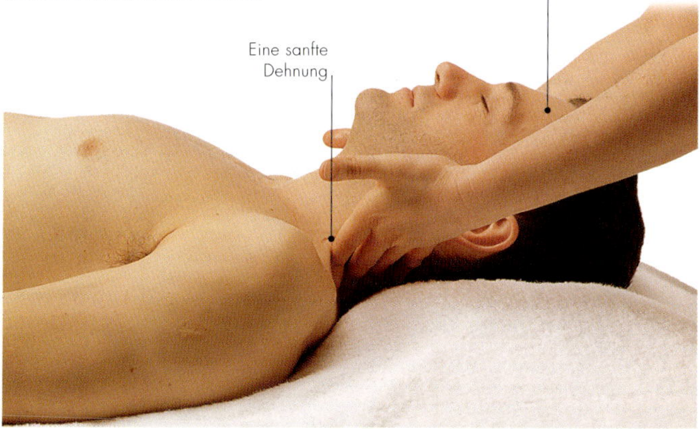

Der Massierte ist entspannt

Eine sanfte Dehnung

Fallbeschreibung: Schulterverletzung

Anspannung
Mick ist begeisterter Squash-spieler.

Beratung

Mick kommt in die Sprech-stunde, weil er sich beim Squash einen Muskel in der Schulter gezerrt hat. Er kann sich kaum bewegen und hat ziemliche Schmerzen. Seine Freundin hat ihm bereits einen Eis-beutel auf die Schulter gelegt. Das hat zwar ein bisschen geholfen, aber Mick möchte mehr tun. Sein Zustand wird noch dadurch verschlimmert, dass er im Beruf viel mit dem Auto unterwegs ist. Als ich ihn nach seinem Übungsplan frage, gibt er zu, dass er sich vor dem Sport meist nicht aufwärmt oder dehnt. Am Verletzungstag war er zu spät dran und hatte es daher eilig.

Behandlung

Da es für Mick zu unangenehm ist, sich auf den Bauch zu legen, staple ich einige Kissen auf der Couch, sodass er sich auf einen Stuhl setzen und bequem nach vorne auf die Kissen beugen kann. Seine Arme ruhen dabei auf der Couch und ich habe Zugriff auf den Behandlungsbereich. Ich mische je drei Tropfen Vetiver- und Pfefferminzöl sowie vier Tropfen Süßes Majoranöl mit 10 ml Trägeröl. Dieses ist eine sehr starke Mischung, die zur örtlichen Anwendung geeignet ist. Zuerst wärme ich den gesamten Bereich an und lindere die Steifheit mit langen Streichungen. Anschließend knete ich die Schultern und besonders den verletzten Bereich sorgfältig durch. Ich übe vorsichtig rund um die Schulterblätter Druck aus und

knete dann den Bereich nochmals, um
die örtliche Blutzufuhr zu verbessern.
Mick sagt, der ganze Bereich würde
kribbeln, während ich arbeite.

Selbsthilfe

Nachdem die Verletzung geheilt ist,
sollte Mick sich angewöhnen, sich vor
dem Squash aufzuwärmen. Ich schlage
ihm vor, sich diesbezüglich an einen
Trainer in seinem Sportclub zu wenden.
Außerdem schlage ich ihm zur
Schmerzlinderung ein abendliches Bad
mit vier Tropfen Lavendel- und zwei
Tropfen Vetiveröl vor.

Zeitrahmen

Micks Verletzung wird in etwa ein bis
zwei Wochen verheilt sein. Er wird vier
Behandlungen bei mir benötigen.

Wichtige ätherische Öle

Vetiveröl wirkt tiefenwärmend und beruhigt
schmerzende Muskeln.

GESICHTSMASSAGE 1

Eine gute Gesichtsmassage ist eine sehr entspannende Behandlung. Die winzigen Bewegungen verleihen – wenn sie langsam und präzise ausgeführt werden – ein Gefühl der Gelassenheit. Waschen Sie sich vor der Massage gründlich die Hände und sorgen Sie dafür, dass Ihre Nägel kurz geschnitten sind. Die Massage um die Augenhöhlen herum strafft die Haut und lindert Kopfschmerzen, die durch eine Überanstrengung der Augen ausgelöst werden. Achten Sie darauf, dass keine ätherischen Öle in die Augen gelangen.

1 *Beginnen Sie an der Stirn. Streichen Sie nach unten, über Schläfen und Wangen bis zum Kinn. Danach gleiten Sie sanft zurück. Viermal wiederholen.*

2 *Streichen Sie mit Ihren Daumen oder Fingerspitzen – ausgehend von der Stirnmitte – unter sanftem Druck auswärts zu den Schläfen und wieder zurück. Wiederholen Sie das Ganze weiter unten, bis Sie an den Augenbrauen ankommen.*

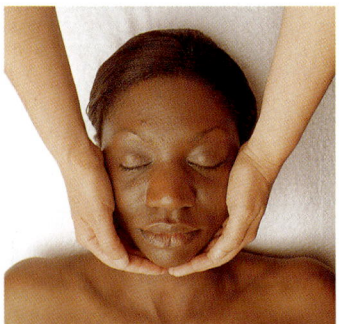

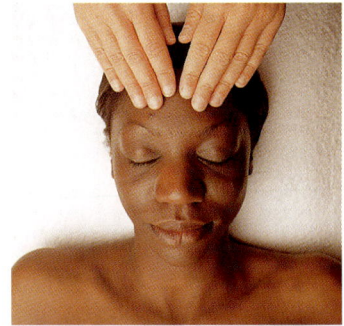

3 *Üben Sie mit den Spitzen Ihrer Mittelfinger kreisförmig um die Augenhöhlen herum leichten Druck aus. Stellen Sie sicher, dass Sie sich immer am knöchernen Rand bewegen. Drücken Sie nicht in die Augenhöhle hinein. Dreimal wiederholen*

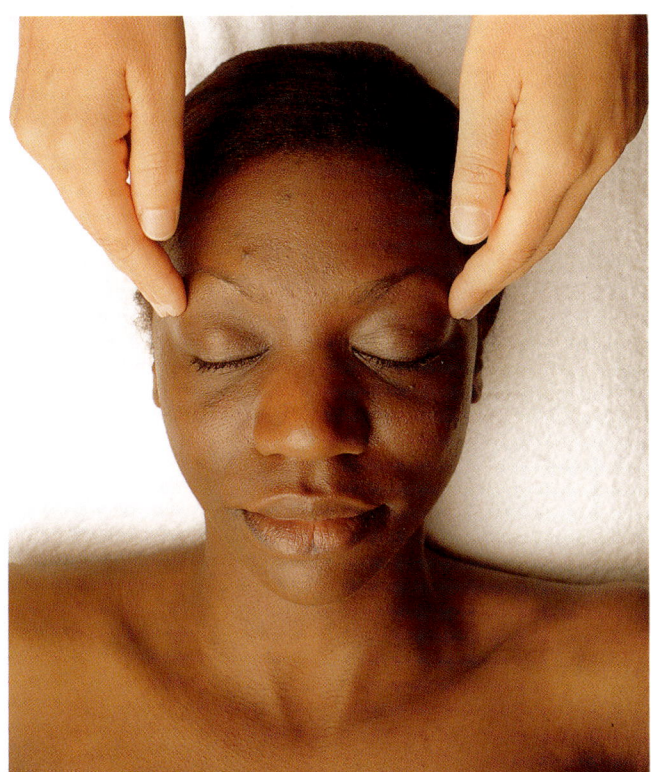

Die Landkarte des Gesichts: Ihre Geschichte

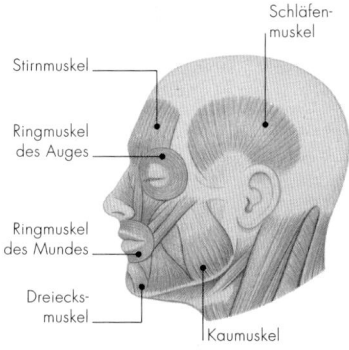

Schläfen-muskel

Stirnmuskel

Ringmuskel des Auges

Ringmuskel des Mundes

Dreiecks-muskel

Kaumuskel

Flexibilität
Diese Muskeln ermöglichen uns vielfältige Mimik.

Jedes Gesicht erzählt eine Geschichte. Die Gesichtszüge eines meditierenden buddhistischen Mönchs können gleichzeitig jung und alt aussehen. Die finstere Miene des Geschäftsmanns, der seinen Zug schon wieder verpasst hat, hinterlässt tiefe Linien auf der Stirn. Schauen Sie auf ein Bild von Mutter Theresa, sehen Sie die Spuren eines langen Lebens in ihren Augen, die so viel Leid gesehen haben und doch damit umgehen konnten. Die glatte Stirn eines Kindes, der klare Blick und das breite Lächeln erzählen von einer Welt voller Wunder.

Entspannung

In Ruhestellung glätten sich die Falten, der Kiefer lockert sich, die Augen fallen zu und sogar die Knochen scheinen sich zu entspannen. Im Wachzustand beißen wir oft die Zähne vor Wut zusammen, verengen den Blick und runzeln die Stirn. Das Gefühl, wenn sich das Gesicht eines Menschen unter Ihren Händen entspannt, ist überraschend. Der Kieferbereich ist sehr anfällig für Steifheit und Schmerzen. Diese werden oft durch nächtliches Zähneknirschen – ein Zeichen für Sorgen – ausgelöst und führen zu Kopfschmerzen.

Die Wirkung der Massage

Gesichtsmassage ist eine Kunst, die viel Geduld, Kontrolle über die Finger und

Aufmerksamkeit für Details erfordert. Sie
reisen über die Landkarte dieser Person
und berühren das Gesicht, das sie der
Welt zeigt. Ihre Bewegungen müssen
daher einfühlsam und sorgfältig sein.
Sie werden bald merken, wie sich das
Gesicht erwärmt und wie sich Stirn und
Mund entspannen. Falten verschwinden
für den Moment. Konzentrieren Sie sich
auf die Wangen und spüren Sie, wie
der Kiefer sich lockert. Diese Massage
ist, wie auch die Handmassage, sehr
erholsam für kranke Menschen oder für
Menschen, die unter Schmerzen leiden.

Für eine einfache Gesichtsmassage
benötigen Sie 5 ml Trägeröl sowie
einen Tropfen eines der wunderbaren
Öle wie Rose, Neroli oder Sandelholz,
die sehr entspannend wirken.

Wichtige ätherische Öle

Weihrauchöl strafft und glättet den Teint.

GESICHTSMASSAGE 2

Jetzt widmen wir uns der unteren Hälfte des Gesichts, den Wangen, dem Kiefer und dem Kinn. Auch hier müssen Ihre Bewegungen langsam, vorsichtig und präzise sein. Konzentrieren Sie sich darauf, wie sich Haut und Muskeln anfühlen. Beginnen Sie wieder mit den langen Streichungen (siehe S. 182) von der Stirn hinunter zum Kinn und zurück. Wiederholen Sie dies dreimal. Als Abschluss streichen Sie einige Male mit abwechselnden Händen langsam über die Stirn.

1 *Beginnen Sie mit beiden Händen seitlich der Nasenflügel. Kreisen Sie mit kleinen Bewegungen über Wangen und Kiefer und gleiten Sie zurück. Mindestens viermal wiederholen.*

2 *Suchen Sie das Kiefergelenk. Bitten Sie den Massierten, den Mund leicht zu öffnen. Kreisen Sie mehrfach mit leichtem Druck um das Gelenk.*

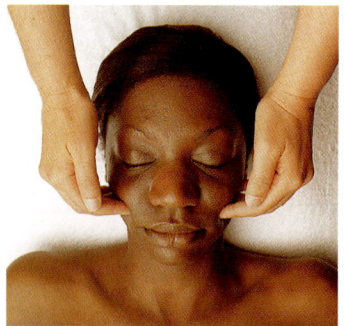

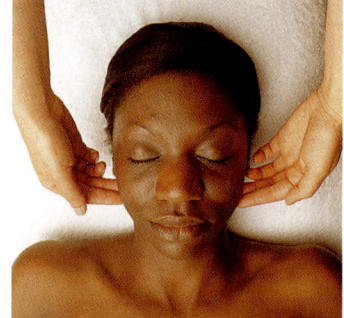

3 *Kneten Sie mit kleinen Bewegungen die Muskeln entlang des Kiefers bis zum Kinn. Gleiten Sie danach wieder nach oben. Mindestens dreimal wiederholen.*

4 *Streichen Sie abwechselnd mit den Fingern den Hals entlang bis zum Kinn. Das ist sehr entspannend.*

Luxusbehandlung:
Massage für den Teint

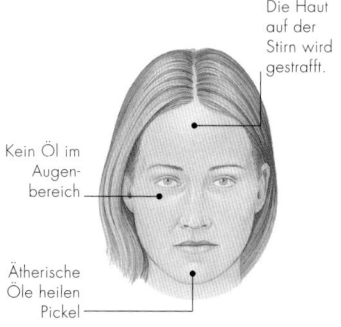

Die Haut auf der Stirn wird gestrafft.

Kein Öl im Augenbereich

Ätherische Öle heilen Pickel

Nehmen Sie sich Zeit
Die Gesichtsmassage ist eine pflegende Behandlung.

Viele Menschen geben erstaunlich viel Geld für teure Cremes aus, haben aber kaum Zeit, sie aufzutragen. Trotzdem erwarten sie, dass sie Wunder wirken. Eine tägliche Massage von nur fünf Minuten ist mindestens genauso wirksam, besonders wenn sie mit sehr pflegenden Ölen durchgeführt wird. Die Zeit, die Sie aufwenden, ist ebenso wichtig wie die Mittel, die Sie einsetzen.

Ätherische Öle für das Gesicht

Zur Massage des Gesichts sind Blumenöle besonders geeignet. Rose, Neroli, Ylang Ylang, Geranie und Jasmin pflegen und straffen die Haut und verleihen dem Teint einen rosigen Schimmer. Mischungen mit Ölen wie Patchuli, Sandelholz und Weihrauch lassen Pickel abheilen und verfeinern die Poren. Ölmischungen für das Gesicht sollten immer wundervoll duften.

Hauttypen

Bevor Sie anfangen, müssen Sie wissen, mit welchem Hauttyp Sie es zu tun haben, damit Sie die richtigen Öle und Trägerprodukte auswählen können.

Trockene Haut ist meist schuppig, rissig und spannt nach dem Waschen, da ihr schnell Feuchtigkeit entzogen wird. Verwenden Sie eine Mischung aus je zwei Tropfen Rosen- und Neroliöl sowie sechs Tropfen Sandelholzöl in 15 ml Mandelöl, das Sie mit 5 ml Nachtkerzenöl angereichert haben.

Fettige Haut glänzt, hatte große, offene Poren und eine grobe Struktur. Sie neigt zu Pickeln und Mitessern. Nehmen Sie hier eine Mischung aus zwei Tropfen Ylang-Ylangöl sowie je vier Tropfen Zitronen- und Patchuliöl in 20 ml Traubenkernöl.

Weiche, straffe, samtige, klare und feinporige Haut gilt als normal. Eine Pflegemischung könnte aus je drei Tropfen Rosen- und Neroliöl sowie vier Tropfen Weihrauchöl in 10 ml Aprikosenkern- und 10 ml Jojobaöl bestehen.

Trockene Haut an den Wangen und fettige Haut in der Mitte des Gesichts weisen auf Mischhaut hin. Verwenden Sie für diesen Typ je drei Tropfen Geranien- und Orangenöl sowie vier Tropfen Lavendelöl in 20 ml Jojobaöl.

Wichtige ätherische Öle

Sandelholzöl ist allgemein gut zur Stärkung der Haut geeignet.

GESICHTSBEHANDLUNG

Die hier beschriebene Technik basiert auf den Druckpunkten des Shiatsu. Sie fördert die Gesundheit der Haut, lindert Schmerzen im Gesicht und kann auch andere Körperteile beeinflussen, da die Punkte auf Meridianen (Energielinien) liegen, welche durch den ganzen Körper verlaufen. Die Arbeit an einem Punkt im Gesicht kann also eine Auswirkung auf ein anderes Organ haben, das auf dem gleichen Meridian liegt.

Folgen Sie den Punkten

Es ist wichtig, die Druckpunkte in der richtigen Reihenfolge zu bearbeiten. Drücken Sie ca. fünf Sekunden lang mit einem Finger oder dem Daumen auf jeden Punkt. Der Druck sollte spürbar, aber nicht schmerzhaft sein.

Die Reihenfolge

Folgen Sie dem Ablauf auf der rechten Seite.

Die Druckpunkte

Punkt 1 Folgen Sie einer Linie von der Mitte der Stirn zur Mitte des Schädels.

Punkt 2 Auf beiden Seiten an den Schläfen in Höhe des Haaransatzes.

Punkt 3 Auf beiden Seiten ca. 1 cm vom Augenwinkel entfernt.

Punkt 4 Zwischen den Augenbrauen.

Punkt 5 An beiden inneren Augenwinkeln.

Punkt 6 Auf beiden Seiten unterhalb des Auges, am Beginn des Wangenknochens.

Punkt 7 Auf beiden Seiten zwei Finger breit unter Punkt 6.

Punkt 8 Auf beiden Seiten an den Mundwinkeln unter Punkt 7.

Punkt 9 Auf beiden Seiten neben den Nasenlöchern.

Punkt 10 Bitten Sie den Massierten, den Kiefer anzuspannen. Sie finden auf beiden Seiten eine kleine Vertiefung.

Punkt 11 Auf beiden Seiten neben dem Kehlkopf.

Die Druckpunkte

Die Techniken zur Gesichtmassage basieren auf den uralten Prinzipien des Shiatsu.

Druckpunkte und der Teint

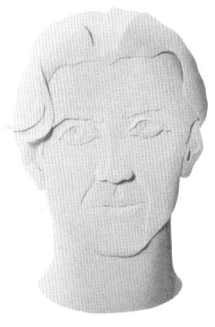

Anwendungsmöglichkeiten
*Druckpunkte im Gesicht können
andere Körperteil beeinflussen.*

Sie sollten die Arbeit an den
Druckpunkten zwei- bis dreimal
wöchentlich in Ihr Gesichtspflege-
programm einbeziehen. Dies verbessert
den Teint. Gehen Sie zunächst die
ganze Sequenz durch, bevor Sie mit
der Ölmassage anfangen, da Sie Ihre
Finger oft in der Nähe der Augen
bewegen. Ätherische Öle sollten die
empfindliche Augenpartie nicht
berühren.

Verbindungen

Neben ihrer Wirkung auf den Teint
haben die Druckpunkte auch Einfluss
auf andere Probleme. Punkt 1 regt das
Haarwachstum an und lindert Stress
sowie Kopfschmerzen. Punkt 2 lindert
Kopfschmerzen und müde Augen. Der
Punkt 3 ist ebenfalls bei Kopfschmerzen
und Augenproblemen wirksam. Punkt 4
wirkt bei Sinusitis, verstopfter Nase und
Verspannungen. Punkt 5 fördert die Konzentration und lindert müde Augen. Der
Punkt 6 wirkt gegen Sinusschmerzen
und Verdauungsstörungen. Punkt 7 baut
Anspannungen im Gesicht ab. Punkt 8
wirkt gegen Magenkrämpfe und Anspannungen im Gesicht. Punkt 9 hilft bei
Erkältungen. Punkt 10 lockert Verspannungen im Kiefer, Punkt 11 beeinflusst
die Schilddrüse und den Hormonhaus-
halt. Punkt 11 wird in Asien seit
Jahrtausenden bei Schönheitsmassagen
verwendet. In einigen Schriften spricht
man ihm die Fähigkeit zu, die Schönheit
zu fördern und zu erhalten.

Allgemeiner Stressabbau

Die Arbeit mit den Shiatsu-Druckpunkten ist sehr gut zum Abbau von Stress und Anspannungen geeignet. Der Druck darf jedoch niemals unangenehm werden. Diese Technik funktioniert auch hervorragend bei der Selbstmassage, z. B. im Büro, wenn Sie den ganzen Tag auf den Bildschirm sehen müssen. Sie müssen sich nur ein paar Minuten Zeit nehmen.

An den Punkten 2, 3 und 4 können Sie mit einem Tropfen purem Lavendelöl arbeiten, wenn sich Kopfschmerzen oder Migräne ankündigen.

Wenn Sie nachts mit den Zähnen knirschen oder unter Migräne leiden, massieren Sie den Punkt 10 vor dem Schlafengehen mit einem Tropfen Lavendelöl.

Wichtige ätherische Öle

Pures **Lavendelöl** eignet sich hervorragend zur Linderung von örtlich begrenzten Schmerzen.

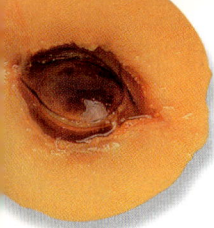

Förderlich
Aprikosenkernöl ist eines der besten Öle für normale Haut.

SELBSTBEHANDLUNG Ätherische Öle, Aromatherapiemischungen und einfache Massagen können Bestandteil einer angenehmen, natürlichen Schönheitspflege werden, die fast ganz frei von Chemikalien und künstlichen Zutaten ist. Wenn Sie nach und nach diese Elemente in Ihr Leben einbauen – in Form von Masken, Stärkungsmitteln, Cremes oder Lotionen – werden Sie merken, wie wunderbar die Aromatherapie ist.

1 *Geben Sie 30 ml Biojogurt in eine kleine Schüssel.*

2 *Fügen Sie 5 ml Jojobaöl hinzu und rühren Sie um.*

Tagespflege

Nehmen Sie morgens nur Öl in einer Creme oder Lotion, die keinen Fettfilm hinterlässt. Reinigen Sie das Gesicht, verwenden Sie dann ein Gesichtswasser und tragen Sie danach die Creme oder Lotion auf. Ihr Gesicht ist für das Schminken vorbereitet.

Nachtpflege

Wenn Sie abends Ölmischungen verwenden, werden diese über Nacht absorbiert. Reinigen Sie das Gesicht, tragen Sie erst ein Gesichtwasser und dann die Creme oder Lotion auf. Verwenden Sie die auf S. 184–187 beschriebenen Techniken.

3 *Geben Sie drei Tropfen ätherisches Öl zu der Mischung, z. B. einen Tropfen Weihrauch- und zwei Tropfen Geranienöl. Gut umrühren.*

Jogurtmaske

Tragen Sie zur besonderen Pflege einmal wöchentlich diese Maske auf. Jogurt nährt die Haut und das Jojobaöl pflegt sie und verteilt die ätherischen Öle.

4 *Tragen Sie die Maske auf und lassen Sie sie 15 Minuten einwirken. Entfernen Sie die Reste mit einem feuchten Wattebausch und reiben Sie das Gesicht mit Rosenwasser ab. Lassen Sie die Haut eine Stunde atmen, bevor Sie Creme auftragen.*

Aromatherapie: Gesichtspflegemittel

Hautpflege

Verwenden Sie Aromatherapiemischungen zur Verbesserung Ihres Teints.

Einfache Mittel können Sie selbst herstellen. Wenn Sie Ihre Basisprodukte lieber kaufen, stellen Sie sicher, dass sie rein pflanzlich sind. Gute Ölmischungen sind: für trockene, normale oder reife Haut je drei Tropfen Orangen- und Geranienöl sowie vier Tropfen Sandelholzöl, für fettige, unreine Haut je drei Tropfen Wacholder- und Weihrauchöl sowie vier Tropfen Lavendelöl und für empfindliche Haut zwei Tropfen Palmarosa- und drei Tropfen Römisches Kamillenöl.

Feuchtigkeitspflege

Ergibt ca. 60 g

20 g Bienenwachs
20 ml Mandelöl
20 ml Rosenwasser

Sie brauchen außerdem einen Topf, eine hitzebeständige Glasschüssel (für das Wasserbad) und ein braunes Glas, das 60 g fasst.

Erhitzen Sie Bienenwachs und Mandelöl im Wasserbad, bis das Wachs schmilzt. Rühren Sie das Rosenwasser tropfenweise in die Mischung, bis es vollkommen absorbiert ist. Nehmen Sie die Schüssel heraus und rühren Sie weiter, bis die Mischung abgekühlt ist. Geben Sie bis zu 10 Tropfen ätherisches Öl Ihrer Wahl hinzu und rühren Sie um. Füllen Sie die Creme in das Glas und bewahren Sie es im Kühlschrank auf.

Diese leichte Creme ist ein guter Aftershavebalsam für Männer. Verwenden Sie dazu je drei Tropfen Patchuli- und Weihrauchöl sowie vier Tropfen Atlas-Zedernöl.

Bei trockener Haut fügen Sie je drei Tropfen Rosen- und Sandelholzöl sowie vier Tropfen Neroliöl bei. Das ergibt eine wunderbar beruhigende Creme, welche die Struktur der Haut verbessert und sie weich macht.

Gesichtswasser

Im Fachhandel oder in guten Bioläden erhalten Sie Blumenwasser, so genannte Hydrolate. Sie sind Nebenprodukte der Öldestillation. Rosen-, Lavendel- oder Orangenblütenwasser sind hervorragende Gesichtswasser. Im Kühlschrank halten sie sich bis zu sechs Monate lang.

Reinigungsmittel

Ergibt ca. 60 g

4 g Bienenwachs
40 ml Jojobaöl
10 g Kakaobutter

Sie brauchen außerdem einen Topf, eine hitzebeständige Glasschüssel (für das Wasserbad) und ein braunes Glas, das 60 g fasst.

Schmelzen Sie das Bienenwachs im Wasserbad und fügen Sie das Jojobaöl und die Kakaobutter hinzu. Gut umrühren. Nehmen Sie die Schüssel heraus und rühren Sie, bis die Mischung abgekühlt ist. Geben Sie bis zu 10 Tropfen Öl Ihrer Wahl hinzu. Gießen Sie die Mischung in das Glas und bewahren Sie es im Kühlschrank auf. Verwenden Sie es sparsam, arbeiten Sie es in die Haut ein und wischen Sie die Reste mit einem Wattebausch ab. Mit Blumenwasser nachreiben.

SELBSTMASSAGE: HÄNDE

In unserem stressigen, arbeitsreichen Leben vergessen wir nur allzu leicht die Entspannung. Es gibt ein paar einfache Selbstmassagetechniken, die nur wenig Zeit in Anspruch nehmen. Einige, wie die Massage von Händen und Ellbogen, können Sie sogar problemlos am Arbeitsplatz durchführen. Zur Pflege Ihrer Hände können Sie eine Handcreme, eine Pflegelotion oder eine Trägerölmischung (siehe S. 101–117) verwenden.

1 *Streichen Sie mit einer Hand über die Oberfläche der anderen, immer von den Fingern zum Handgelenk. Viermal wiederholen.*

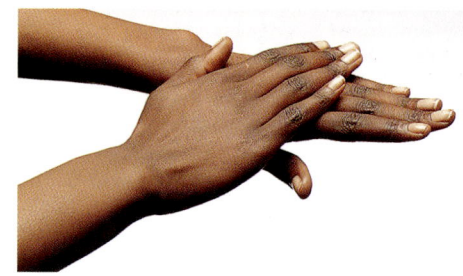

2 *Drehen Sie die Handfläche nach oben. Benutzen Sie Ihren anderen Daumen, um leichten Druck über die ganze Handfläche hinweg auszuüben. Dreimal wiederholen.*

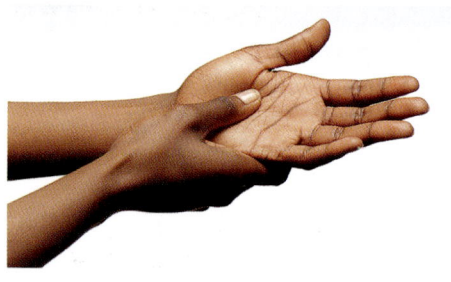

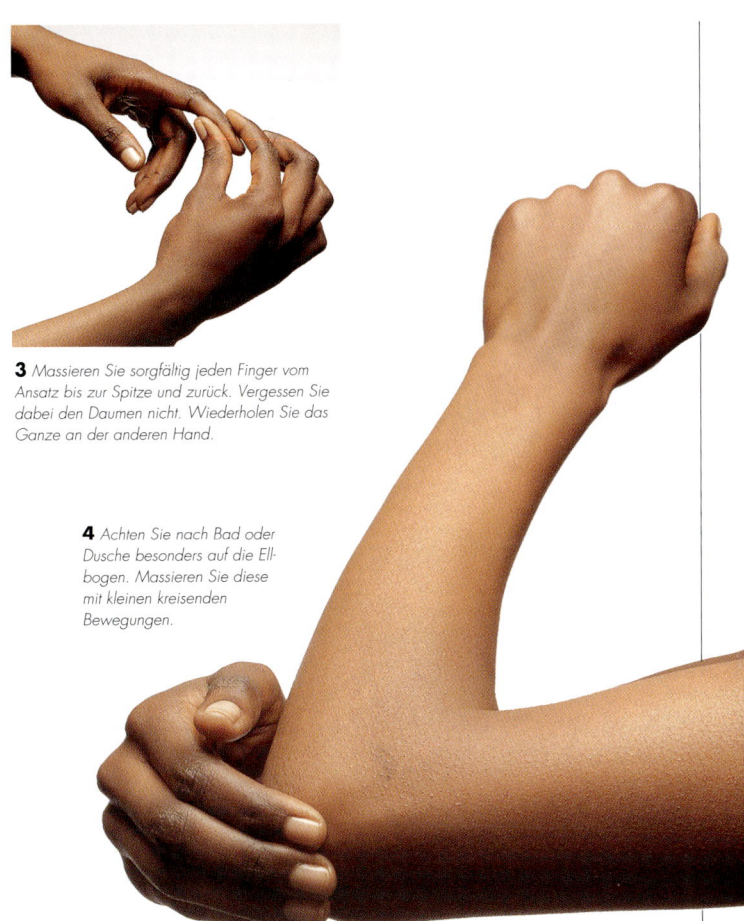

3 Massieren Sie sorgfältig jeden Finger vom Ansatz bis zur Spitze und zurück. Vergessen Sie dabei den Daumen nicht. Wiederholen Sie das Ganze an der anderen Hand.

4 Achten Sie nach Bad oder Dusche besonders auf die Ellbogen. Massieren Sie diese mit kleinen kreisenden Bewegungen.

Selbstmassage: Eine einfühlsame Berührung

Napoleonische Pflege
Kaiserin Josephine verwendete eine Handcreme aus Mandelöl.

Die Hände wollen sorgsam gepflegt werden. Durch Aromatherapie können Sie das ganz einfach erreichen. Sie lindern dabei auch noch Schmerzen, die durch ständig wiederkehrende Bewegungen ausgelöst werden. Wenden Sie die folgende Pflege einmal pro Woche an, am besten nach Dusche oder Bad, da feuchte Haut die Öle besser aufnimmt. Die Hände werden im Schlaf gepflegt.

Die Hände

Beginnen Sie, indem Sie die Hände im trockenen Zustand sanft abbürsten. Geben Sie ein Glas Vollmilch und drei Tropfen Mandarinenöl in eine Schüssel mit warmem Wasser. Weichen Sie Ihre Hände 10 Minuten ein, dann tupfen Sie sie vorsichtig trocken.

Feilen Sie die Nägel nach Bedarf und schieben Sie die Nagelhaut vorsichtig zurück. Mischen Sie je drei Tropfen Rosen- und Patchuliöl sowie vier Tropfen Sandelholzöl mit 20 ml Mandelöl und massieren Sie diese Mischung wie auf S. 200–201 beschrieben in Ihre Hände ein. Arbeiten Sie das Öl gut in die Finger, in die Nagelbetten und in die Nägel ein.

Sollten Ihre Hände sehr trocken sein, können Sie anstelle des Mandelöls auch Jojobaöl zur Extrapflege verwenden. Sie werden spüren, wie angenehm es ist, sich um Ihre Hände zu kümmern, die jeden Tag so viel Arbeit für Sie verrichten.

Denken Sie daran, dass die Massage auch gegen schlechte Durchblutung und Steifheit wirkt. Sie können sie so oft Sie möchten anwenden, um die Beweglichkeit zu verbessern.

Die Ellbogen

Die Ellbogen neigen zu Trockenheit und werden oft vergessen. Es lohnt sich, zweimal täglich ein reichhaltiges Trägeröl wie Mandel-, Jojoba oder Nachtkerzenöl aufzutragen. Verwenden Sie einen Teelöffel Öl mit einem Tropfen Rosen-, Neroli- oder Sandelholzöl. Sie können auch die Handmischung zur Massage des Arms verwenden. Arbeiten Sie das Öl mit langen, schwungvollen Streichungen von der Schulter bis zu den Fingern ein. Massieren Sie dann Ihre Ellbogen mit den Fingerspitzen.

Wichtige ätherische Öle

Rosenöl ist die klassische, beruhigende Zutat in Handcremes.

SELBSTMASSAGE: BAUCH & HÜFTE

Eine Selbstmassage von Bauch und Hüfte ist sehr förderlich zur Schmerzlinderung sowie zur Staffung und Formung dieses Bereichs. Führen Sie die
Massage am besten abends nach Bad oder Dusche durch, da die ätherischen
Öle von feuchter Haut besser aufgenommen werden und über Nacht einwirken können.

1 *Legen Sie sich auf den Rücken, beide Hände liegen übereinander an der rechten Hüfte. Kreisen Sie unter den Rippen entlang zur linken Hüfte und über den Unterbauch zurück. Mehrmals wiederholen.*

2 *Beschreiben Sie mit Ihrer rechten Hand eine Acht auf Ihrem Bauch. Viermal wieder-holen.*

3 *Ziehen Sie die Muskeln hoch und kneten Sie den Bauch von rechts nach links und zurück. Zweimal wiederholen. Streichen Sie danach einige Male kreisförmig über den Bauch.*

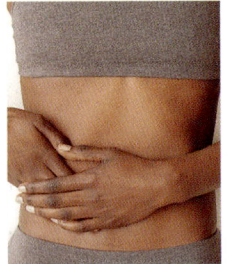
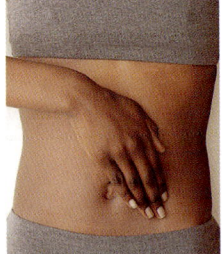
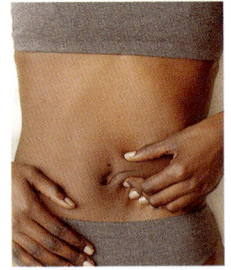

4 Halten Sie die hohlen Hände über den Nabel. Wenn sich Wärme staut, Hände abheben.

5 Auf die rechte Seite drehen. Mit kreisenden Bewegungen die linke Hüfte massieren.

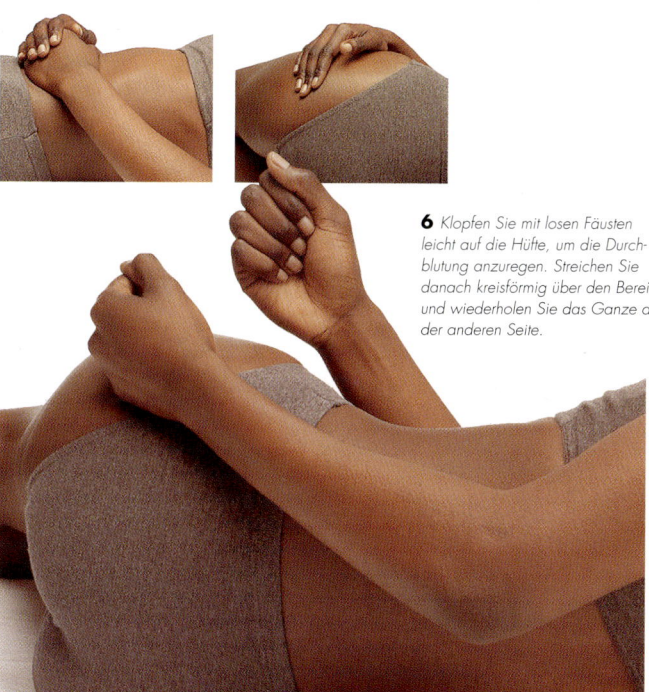

6 Klopfen Sie mit losen Fäusten leicht auf die Hüfte, um die Durchblutung anzuregen. Streichen Sie danach kreisförmig über den Bereich und wiederholen Sie das Ganze auf der anderen Seite.

Selbstmassage zur Schmerzlinderung

Hüftmassage
*Klopfen Sie leicht auf die Hüften,
das regt die Durchblutung an.*

Bauch- und Hüftmassagen sind sehr wirksam zum Abbau von Stress und allgemeiner Anspannung sowie zur Schmerzlinderung. Sorgen Sie dafür, dass Sie während der Massage nicht unterbrochen werden, damit Sie die Behandlung wirklich genießen können. Eine Selbstmassage vor dem Einschlafen entspannt Sie und verhilft Ihnen zu besserem Schlaf, sodass Sie morgens erholter aufwachen.

Hilfreiche Rezepte

Viele Beschwerden können durch die auf S. 202–203 beschriebenen Massagetechniken gelindert werden. Die kreisförmige Streichung ist eine der besten und beruhigendsten Techniken, die Sie anwenden können. Nachdem Sie die Ölmischung aufgetragen haben, legen Sie sich zur Entspannung eine Wärmflasche auf den Bauch.

Verwenden Sie bei Menstruationsbeschwerden fünf Tropfen Süßes Majoran-, drei Tropfen Muskatellasalbei- und zwei Tropfen Vetiveröl in 20 ml Traubenkernöl.

Wenn Sie an einer Magenverstimmung, an Verstopfung oder an einer trägen Verdauung leiden, sind je vier Tropfen Schwarzer Pfeffer- und Ingwer- sowie zwei Tropfen Pfefferminzöl in 20 ml Mandelöl hilfreich.

Stressbedingte Magenkrämpfe werden durch je drei Tropfen Neroli- und Sandelholz- sowie vier Tropfen Lavendelöl in 20 ml Traubenkernöl gelindert.

Schwangerschaft

Wenn Sie schwanger sind, wenden Sie
nur die kreisförmige Streichung ganz
sanft an. Senden Sie bei der Erwärmung Ihres Bauches positive Gedanken
an Ihr Baby. Ab dem dritten Monat können Sie eine Mischung aus je zwei
Tropfen Palmarosa- und Neroliöl in
20 ml Mandelöl verwenden.

Mischungen für die Hüfte

Sofern Sie unter einer schwachen Hautspannung leiden, sollten Sie die Hüften
zuerst trocken abbürsten. Dann streichen
Sie kreisförmig, klopfen den Bereich ab
und bearbeiten ihn kräftig mit den
Knöcheln. Beenden Sie die Massage
wieder mit kreisförmigen Streichungen.
Verwenden Sie reinigende Öle wie
Fenchel oder Wacholder.

Wichtige ätherische Öle

Muskatellasalbeiöl wirkt sanft und beruhigend
bei Menstruationsbeschwerden.

FÜSSE UND OBERSCHENKEL

Die Oberschenkel sind ein beliebter Bereich für die Selbstmassage. Sie sollten regelmäßig massiert werden, um die Haut zu straffen. Die Füße können Sie jederzeit massieren, wenn Sie Probleme mit schlechter Durchblutung haben. Alle Fußmassagetechniken, die auf S. 136–139 beschrieben wurden, eignen auch zur Selbstmassage.

1 *Sitzen Sie bequem mit einem angewinkelten Bein. Streichen Sie vom Knie zur Hüfte und gleiten Sie zurück. Druck sollte immer bei der Aufwärtsbewegung ausgeübt werden. Mehrmals wiederholen.*

2 *Ziehen Sie die Muskeln hoch und kneten Sie den Oberschenkel erst außen, dann innen.*

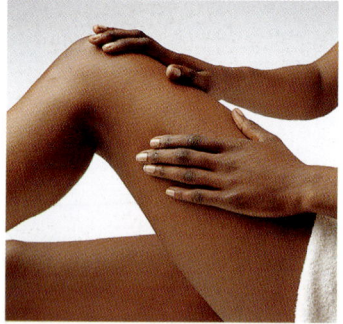
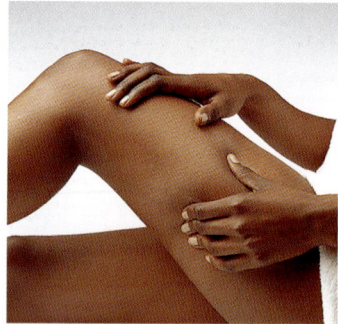

3 Klopfen Sie den Bereich mit den Knöcheln sorgfältig, aber sanft ab. Beruhigen Sie das Gewebe mit kreisenden Streichungen. Am anderen Oberschenkel wiederholen.

4 Legen Sie einen Fuß auf das andere Knie. Umfassen Sie ihn mit den Händen von oben und unten und reiben Sie mehrmals vom Knöchel zu den Zehen und zurück.

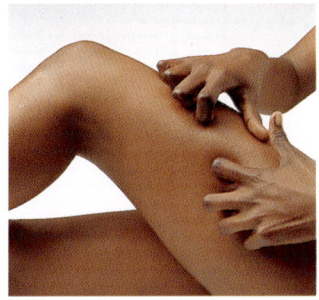

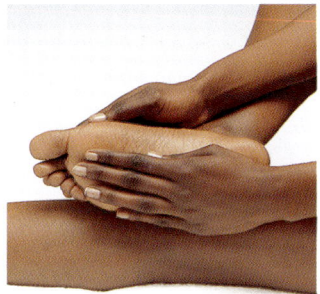

5 Bearbeiten Sie Ihre Fußsohle mit den Fingerknöcheln und beenden Sie die Massage wieder mit den Streichungen von oben und unten. Am anderen Fuß wiederholen.

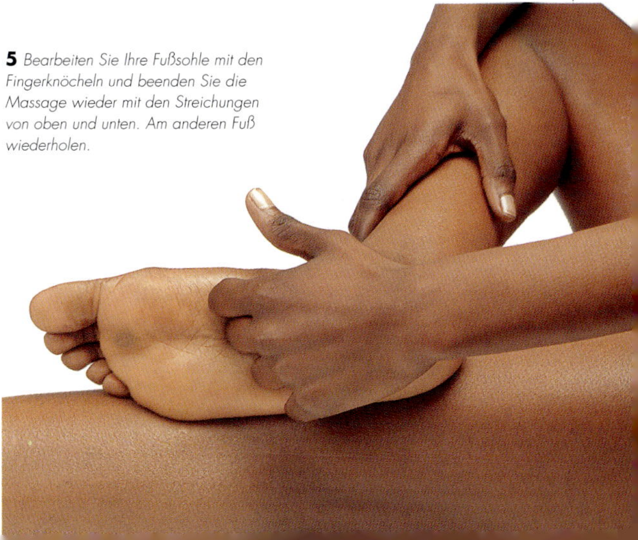

Selbstmassage zur Stärkung und Revitalisierung

Fußbehandlungen
Nach einem langen Tag tut eine Fußmassage gut.

Oft fragen Patienten nach Ölen und Massagen gegen Zellulitis, als gäbe es ein Wundermittel. Echte Ergebnisse erzielen Sie nur durch professionelle Lymphdrainagen und intensive Massagen. Regelmäßige Selbstmassagen wirken unterstützend. Einige Minuten täglich sind sinnvoller als eine Stunde hin und wieder. Versuchen Sie, die Selbstmassage in Ihren Tagesablauf einzubauen.

Grundlegende Kräftigung

Sie können daheim Maßnahmen zur Gewebestärkung ergreifen, z. B. das trockene Bürsten der betroffenen Stellen oder auch Wechselduschen. Beides verbessert die örtliche Durchblutung. Stellen Sie sicher, dass die Wassertemperatur angenehm für Sie ist. Eiskaltes oder kochend heißes Wasser sind beide nicht förderlich. Geben Sie sich danach eine kräftige Massage (siehe S. 206–207) und wenden Sie die Massagetechniken für die Beine an (siehe S. 144–147). Benutzen Sie Ihre Fingerknöchel, um die Oberschenkel richtig zu bearbeiten.

Ätherische Öle zur Stärkung

Eine Mischung für die Oberschenkel besteht aus je drei Tropfen Zypressen- und Rosmarin- sowie vier Tropfen Zitronenöl in 20 ml Traubenkernöl. Sie eignet sich auch zur Massage des gesamten Beins und ist besonders nach dem Sport angenehm.

Ätherische Öle zur Fußpflege

Eine Fußmassage am Ende eines langen Tages ist sehr entspannend und angenehm. Wenn Sie ein Fußsprudelbad besitzen, gönnen Sie es Ihren Füßen. Sonst weichen Sie die Füße 15 Minuten in einem Fußbad mit einer Tasse Epsomsalz oder Salz aus dem Toten Meer sowie einem Tropfen Pfefferminz- und zwei Tropfen Lavendelöl ein. Trocknen Sie die Füße ab und massieren Sie sie dann mit einer Trägeröl- oder Basiscrememischung, die je drei Tropfen Schwarzer Pfeffer- und Pfefferminz- sowie vier Tropfen Rosmarinöl enthält. Arbeiten Sie die Mischung gut in den gesamten Fuß ein. Das hilft gegen Hornhaut sowie gegen trockene Stellen und regt die Durchblutung an.

Wichtige ätherische Öle

Zypressenöl regt sehr wirkungsvoll die Durchblutung an und gilt als allgemeines Stärkungsmittel.

ORANGEN-
SCHALE

Schwungvoll
*Orangenschale im Bade-
wasser hat einen tollen
Duft und verleiht Schwung.*

DUFTENDE BÄDER Bäder mit ätherischen Ölen wer-
den schnell zu einem angenehmen Teil Ihres Tagesablaufs. Besonders abends
sind sie zu empfehlen, da sie nach einem langen Tag Stress abbauen. Schaffen Sie sich einen Rückzugsort nur für sich. Selbst das
kleinste Badezimmer kann durch Kerzen, Musik und
warme, flauschige Handtücher verwandelt werden.

ROSENBLÜTEN

LAVENDEL

Kräuter und Kristalle
In früheren Zeiten wurden Kräuter-
säckchen im Badewasser eingeweicht, um ihren Duft
abzugeben. Ätheri-
sche Öle sind viel konzentrierter
als Kräuter, daher benötigen Sie
nur ein paar Tropfen. Um das Bad
interessanter zu gestalten, können
Sie ein paar Rosenblätter, getrocknete Lavendelblüten oder Kräuter-
zweige, z. B. Rosmarin, Majoran
oder Pfefferminze hinzufügen.
Manche baden gerne in Wasser,
das ihre Lieblingskristalle
enthält. Rosenquarz bietet
sich dafür an. Sehen Sie ein
Aromatherapiebad als Teil der
Behandlung und nehmen Sie sich
mindestens 20 Minuten Zeit.

Ein Milchbad
*Geben Sie drei Tropfen Ihres
Lieblingsöls in 30 ml Vollmilch und
fügen Sie die Mischung dem
Badewasser bei. Gut mit dem
Wasser vermischen.*

Gelangweilte Schönheit
*Ein öffentliches Badehaus, dargestellt von
einem romantischen Maler.*

Duftende Bäder: Tipps und Mischungen

Badezeit
Massenbäder im Mittelalter

Für ein wirklich wundervolles Bade-erlebnis sollten Sie ein paar Dinge beachten.

Wichtige Hinweise

Lassen Sie immer erst das Wasser einlaufen, bevor Sie die ätherischen Öle hinzufügen. Tröpfeln Sie die Öle auf die Oberfläche und verteilen Sie sie, bevor Sie hineinsteigen. Vier bis sechs Tropfen reichen für ein Vollbad aus. Sie können die Öle auch mit einem Trägeröl mischen, aber das ist nicht not-wendig. Hinterher ist es zudem recht schwierig, die Wanne wieder zu säubern. Sie können stattdessen auch ein Milchbad nehmen.

Weichen Sie sich gründlich im Was-ser ein, bevor Sie Seife benutzen, da diese auf der Haut wie ein Puffer wirkt und die Absorbierung der Öle verlang-samt. Wenn möglich, verwenden Sie gar keine Seife. Duschen Sie vorher.

Haben Sie auch ein gutes Reini-gungsprodukt für die Wanne zur Hand, da einige Öle einen klebrigen Film hinterlassen.

Baden wie eine Königin

Von Kleopatra heißt es, dass sie für ihren Teint in Eselsmilch gebadet habe. Sie können diesen pflegenden, luxuriösen Effekt nachempfinden, indem Sie 30 ml Vollmilch mit dem ätherischen Öl Ihrer Wahl mischen und dieses ins Badewasser geben. Ihre Haut wird sich hinterher fantastisch anfühlen.

Entgiften

Ein Bad mit Salz aus dem Toten Meer
hilft bei der Entgiftung. Fügen Sie vier
Tropfen Zitronen- und zwei Tropfen
Wacholderöl hinzu. Danach mit einer
Zellulitismischung massieren.

Duschen

Verwenden Sie eines der guten Dusch-
gels, die ätherische Öle enthalten.

Bademischungen

Einige Mischungen, die besonders beruhigend wirken. Die Zahl hinter dem
Öl gibt an, wie viele Tropfen verwendet werden sollen.

Stressabbau
2 Jasmin
3 Mandarine

Exotische Zuflucht
3 Bergamotte
2 Ylang Ylang

Indische Nacht
3 Sandelholz
1 Rose
2 Patchuli

Schlafmütze
4 Lavendel
2 Neroli

Durchatmen
3 Atlas-Zeder
2 Zitrone

Wolke Sieben
3 Neroli
2 Weihrauch

Kleopatra
2 Rose
1 Patchuli
2 Orange

Kinderbad
2 Mandarine
2 Römische Kamille

Potpourri
*Bringen Sie die
Magie der Aroma-
therapie in Ihr Haus.*

IHR ZUHAUSE Aromathera-
pie besteht aus mehr als Bädern und Massagen. Sie können ätherische Öle auf vielfältige
Weise daheim einsetzen, um eine angenehme
Atmosphäre zu erschaffen und den Räumen Ihre
persönliche Note zu verleihen.

Kissen
*Träufeln Sie vor dem Einschla-
fen zwei Tropfen Orangen-
oder Lavendelöl auf Ihr Kissen.*

Briefpapier
*Geben Sie einen Tropfen
Orangen-, Zitronen- oder
Mandarinenöl auf Ihre Briefe.*

Erste Hilfe
*Lavendel- und Teebaumöl ge-
hören in jeden Erste-Hilfe-Koffer.*

Desinfektionsmittel
*Drei Tropfen Eukalyptus- oder
Teebaumöl sind im Badezimmer
oder auf der Toilette nützlich.*

Vorhänge und Möbel

*2 Tropfen Schwarzer Pfeffer- oder
Zitronenöl halten Katzen fern.*

Verdampfer

*Verdampfer für ätherische Öle sind im
Wohnzimmer, Schlafzimmer und im
Flur sehr wirksam, um den Räumen Ihre
persönliche Note zu verleihen. Wenn
Sie einen Verdampfer mit offener Flam-
me verwenden, achten Sie sorgfältig
darauf. Es gibt inzwichen auch sehr
gute elektrische Modelle.*

Den Raum erfrischen

*Geben Sie zwei Tropfen Pfeffer-
minz- oder Zitronengrasöl auf den
Teppich. Sie vertreiben den
Geruch von Tabak oder
Haustieren.*

GLOSSAR

Analgetikum Schmerz-stillendes Mittel.

Antibakteriell Bekämpft bakterielle Infektionen.

Antidepressivum Lindert Stimmungstiefs.

Antifungal Wirkt gegen Pilzinfektionen.

Antiviral Wirkt gegen Vireninfektionen.

Auspressen Extraktion von ätherischem Öl, indem die Frucht oder Schale ausge-presst wird (z. B. bei Zitrus-früchten).

Basiscreme bzw. -lotion Trägerprodukt, das für bestimmte Zwecke geeignet ist und die Haut besonders pflegt.

Chemische Extraktion Extraktion von ätherischen Ölen durch Lösungsmittel.

Destillation Extraktion des Öls durch Dampfdruck und Kondensation.

Duftnoten Einordnung eines Dufts durch die Kopf-, Mittel- und Basisnote, je nach Intensität und Verdunstungsge-schwindigkeit.

Durchblutungsfördernd Rötet und erwärmt die Haut.

Entgiftend Unterstützt die Reinigung des Körpers.

Entzündungshemmend Reduziert Schwellungen und Rötungen.

Expektorans Fördert den Auswurf von Schleim aus den Atemwegen.

Fototoxisch Ruft Lichtreak-tionen auf der Haut hervor.

Harntreibend Verstärkt die Harnausscheidung.

Hautverjüngend Verbessert den Teint.

Hypertensiv Erhöht den Blutdruck.

Hypotensiv Senkt den Blutdruck.

Immunstärkend Verbessert das Immunsystem.

Menstruationsregu-lierend Bringt den weib-lichen Zyklus wieder ins Gleichgewicht.

Öl, ätherisches Stark kon-zentriertes, duftendes Öl, das aus den Blätter, Blüten, Früchten oder Wurzeln einer Pflanze gewonnen wird.

Sedativum Beruhigt die Nerven.

Stärkungsmittel Stärkt und verbessert die Funktion eines Organs oder Bereichs.

Stärkungsmittel für Harn- u. Genitaltrakt
Verbessert die Funktion der Blase und der Geschlechtsorgane.

Synergie Therapeutisches Zusammenwirken der verschiedenen ätherischen Öle miteinander.

Trägeröl Pflanzenöl, in dem die ätherische Öle zur gefahrlosen Anwendung verdünnt werden.

Verdampfer Keramischer Brenner, der Öle verdampft.

Verträglichkeitstest Test eines ätherischen Öls an der Innenseite des Handgelenks oder Ellenbogens unter einem Pflaster, um zu sehen, ob die Haut darauf reagiert.

WEITERE TITEL IN DIESER REIHE:
NUR € 3.99

Ayurveda
Gopi Warrier, Dr. Harish
Verma & Karen Sullivan
ISBN 3-8228-2489-5

**Reflexzonen-
massage**
Chris McLaughlin &
Nicola Hall
ISBN 3-8228-2486-0

Tarot
Annie Lionnet
ISBN 3-8228-2480-1

Traumdeutung
Caro Ness
ISBN 3-8228-2477-1

Yoga
Jennie Bittleston
ISBN 3-8228-2504-2

NÜTZLICHE ADRESSEN

Wegen der strengen Gesetzgebung muss man in Deutschland Aromatherapie von Aromapraxis unterscheiden. Aromapraxis ist eine abgewandelte Form der Aromatherapie, für die man keine spezielle Ausbildung zum Phytotherapeuten benötigt. Die Aromapraxis dient der Vorbeugung, nicht der Behandlung akuter Beschwerden.

AiDA – Aromatherapy International, Eliane Zimmermann

200-Stunden-Schulungen nach britischem Modell, 2-Jahreskurse zum zertifizierten, ärztlich geprüften Aromapraktiker in verschiedenen Orten Deutschlands und in Irland
Ardaturrish Beg,
Glengarriff,
County Cork, Irland
Tel. :00353 / (0) 27 / 63976 oder 63616
Internet:
www.aromapraxis.de

Zentralverband der Ärzte für Naturheilverfahren

Am Promenadenplatz 1
72250 Freudenstadt
Tel.: 0 74 41 / 91 858 0
Fax: 0 74 41 / 91 858 22
E-Mail:mail@zaen.org
Internet: www.zaen.org

Ätherische Öle Prof. Dr. Dietrich Wabner

Arbeitsgruppe angewandte Elektrochemie und chemische Umwelttechnik,
Natural Oils Research Association International
Technische Universität München
Lichtenbergstraße 4
D-85748 Garching
Tel.: 089 / 2891 3098,
Fax 2891 4599,
E-Mail: aae@lrz.tum.de
Internet: www.nora-international.de

IFA – International Federation of Aromatherapists

Stamford House,
182 Chiswick High Road
London W4 1PP,
Großbritannien
Tel.: 0044 / (0) 1189 / 735757, Fax 735767
Internet: www.int-fed-aromatherapy.co.uk

ISPA – International Society of Professional Aromatherapists

Ispa House,
82 Ashby Road,
Hinckley,
Leicestershire LE 10 1SN,
Großbritannien
Tel.: 0044 / (0) 1455 / 63 79 87, Fax 89 09 56

Forum Essenzia e. V.

Gemeinnütziger Verein für Förderung, Schutz und Verbreitung der Aromatherapie, Aromapflege und Aromakultur
Meier-Helmbrecht-Str. 4
81377 München
Tel.: 089 / 714 53 91
Fax: 089 / 71 03 99 29
E-Mail: Forum-Essenzia@t-online.de
Internet: www.forum-essenzia.de

Internet:

www.blumenduefte.de
Die Renaissance der Düfte
von Jacques Coolen.

www.aromaweb.com
Umfassende englische
Seite mit viel
Wissenswertem zur
Aromatherapie.

www.olfaktorik.de
Eine sehr interessante Seite
rund um das Riechen. Sie
wurde 1999 im Rahmen
einer Prüfungsarbeit an der
Fachhochschule Köln
zusammengestellt.

www.heilkraeuter.de
Umfangreiches Lexikon der
Kräuter und Heilpflanzen.

www.almeda.de
Große Wellness-Seite mit
ausführlichen Informationen.

www.g-netz.de
Medizin und Gesundheit
im Internet.

REGISTER

DANKSAGUNG

Für meine Eltern John und Sonja Harding und für Robert Tisserand, meinen Lehrer.

BILDNACHWEIS

Wenngleich auch alles versucht würde, um die Inhaber
von Urheberrechten ausfindig zu machen, so bitten wir doch um Nachsicht,
falls wir etwas übersehen haben sollten. Gern nehmen wir in zukünftigen Auflagen
die notwendigen Änderungen auf.

AKG, London 2, 15m, 25, 38r, 47or, 90cl, 110o, 212/British Museum
54r / Erich Lessing 13, 55u, 70l, 74ur, 78ul; **The Bridgeman Art
Library**/Privatsammlung 43ur, 211; **Corbis** 17 / Wolfgang Kähler 111 mr
/ Richard T Nowitz 99o / Gustave Tomsich 106u / Ed Young 15o;
The Garden Picture Library 94ol / Zara McCalmont 98u; **The Harry
Smith Collection** 47u; **Tony Stone Images** 103u / Tony Craddock
107u / Mark Davison 66r / Donna Day 94ul / Mark Douet 63r /
Owen Franken 86o / Ian O'Leary 83r / Yorgo Nikas 59m.